当代意大利经济论丛

review
of economic conditions in Italy

economia
italiana

中文版

FDI与经济增长
中欧双向"走出去"战略比较研究

OVER THE WALL
Foreign direct investments in China and Europe, and the path towards economic growth

罗红波
〔意〕保　罗·圭雷利　主编
〔意〕焦瓦尼·法雷塞

中国社会科学院欧洲研究所
Institute of European Studies, CASS

社会科学文献出版社
SOCIAL SCIENCES ACADEMIC PRESS (CHINA)

UniCredit Group

review
of economic conditions in Italy

economia
italiana

Riviste Quadrimestrali edite da UNICREDITO SPA
意大利裕信银行四月刊杂志

UNICREDIT SPA
ECONOMIA ITALIANA
DIRETTORE RESPONSABILE: Alessandro Spaventa
UNICREDIT SpA, Via A. Specchi, 16 - 00187 ROMA
Tel. 06 54450245 / 0339 / 0678
Fax 06 54450241 / 0778
E-mail: economia.review@unicredit.eu

中国社会科学院欧洲研究所 (Institute of European Studies · CASS)
地址:北京建国门内大街5号 (Beijing, China)   邮编:100732
电话:(010) 85195736   传真:(010)65125818

Le opinioni e i giudizi espressi dagli autori in questo fascicolo non impegnano la responsabilità di UNICREDIT SPA.
本书各篇文章的观点不代表意大利裕信银行。

Proprietà letteraria riservata. è vietata la riproduzione. 版权所有,违者必究。

目　录

序言一 …………………………………… 保罗·圭雷利　焦瓦尼·法雷塞 / 1
序言二 ………………………………………………………………… 罗红波 / 6

上篇　对中国在欧洲/意大利直接投资的研究

"走出去"战略与中国投资欧盟 ………………………………… 江时学 / 3
　一　"走出去"战略的由来 ……………………………………………… / 3
　二　中国投资欧盟的特点 ……………………………………………… / 8
　三　中国在欧盟的投资是一种"双赢" ………………………………… / 11
　四　需要关注的若干问题 ……………………………………………… / 17
　五　结束语 ……………………………………………………………… / 24

关于中国对欧盟投资制约因素的研究 …………………………… 姚　铃 / 25
　一　理论依据 …………………………………………………………… / 25
　二　源于直接投资诱发要素的制约因素 ……………………………… / 26
　三　源于间接投资诱发要素的制约因素 ……………………………… / 31
　四　中国对欧盟投资建议 ……………………………………………… / 37
　五　结束语 ……………………………………………………………… / 40

下篇 对欧洲/意大利在中国直接投资的研究

欧盟对中国的直接投资 ················· 弗朗索瓦·勒穆瓦纳 / 43

    一   欧盟对中国直接投资：一个全球视角的评估 ············ / 43

    二   欧—中贸易与对外直接投资 ························· / 51

    三   欧盟对中国直接投资与技术转移 ··················· / 58

    四   欧盟对中国直接投资的新环境 ····················· / 60

    五   结论 ··· / 63

意大利在中国直接投资的格局变化

    ···················· 阿莱西娅·阿米给尼   马尔科·桑菲利坡 / 66

    一   中国在意大利对外直接投资总格局中的地位 ············ / 67

    二   意大利在中国对外直接投资的文献综述 ················ / 69

    三   意大利对中国直接投资的最新趋势 ··················· / 71

    四   小结 ··· / 80

序言一

保罗·圭雷利[*]

焦瓦尼·法雷塞[**]

一 关于对外直接投资（FDI）

自2007年金融危机爆发以来，欧盟与中国的关系出现了重要的变化。2012年欧元区国内生产总值（GDP）出现下降，估计2013年会继续这一趋势。同潜在产出相比，2011年欧元区实际产出为GDP的-1.2%，估计2013年将达到-2.9%。失业人口已经上升至1900万人，2013年可能还会进一步增加。而中国在全球金融危机中的状况要优于其他任何一个主要经济体。2013年，中国经济的增长率将达8.4%。此外，全球金融危机使得中国的国际影响力得到提升，并增强了其在国际体系中的实力。中国和许多亚太国家重新调整了他们的发展战略，区域一体化在加速发展。

在欧洲对华投资停滞不前之际，中国对欧投资却迅速发展，引起了欧洲公众的热切关注。由于很多新的机遇目前尚不确知，人们可能高估了中国对欧投资的风险。欧洲对华投资在1992~2007年的15年间持续增长，使得目前欧盟的对华投资额高于世界其他地区（不包括维尔京群岛和中国香港，这些地区主要"归功"于"迂回套利"现象，即中国的资金到境外后又以"境外"投资的形式进入中国，旨在享受税收优惠和保护）。这说明在过去的20年里，对彼此的直接投资已经成为欧盟和中国关系的一个重要支柱，双方都从中获益

---

[*] 《意大利经济评论》总编。

[**] 《意大利经济评论》执行主编。

匪浅。为此，对外直接投资问题值得我们关注并加以讨论。此乃本书选题的出发点，但并非全部，因为这只是意大利裕信银行（Unicredit）和中国社会科学院欧洲研究所（IES/CASS）长期合作出版专论的最新成果。下面仅用寥寥数语介绍一下上述两个机构的十多年的合作历程。

二 长期合作

两个机构合作的最初动力源自意大利经济史学家路易吉·德罗萨（Luigi De Rosa）。1999年德罗萨论述第二次世界大战后意大利经济发展的专著中文版面世，引起了中国学者、企业家、政府官员对意大利和欧洲一体化的极大兴趣。于是，意大利裕信银行和中国社会科学院欧洲研究所在2002年签订了正式协议，合作先从出版系列专论着手。在长期合作过程中，先后出任《意大利经济评论》总编的马里奥·阿尔切利（Mario Arcelli）教授和保罗·萨沃纳（Paolo Savona）教授，以及执行主编米凯列·巴拉巴多（Michele Barbato）博士，中国方面的罗红波教授和中国社会科学院欧洲研究所的所长、副所长都作出了诸多贡献，在此深表感谢。我们的合作取得了丰硕的成果，其中包括就共同感兴趣的专题召开的国际会议和出版的系列专论文集。专论文集的首发式暨研讨会分别在罗马、北京和上海召开，与会者包括企业家、政府官员和学者。

这些文集均经过提前策划，议题从不临时决定，而是选自联合研讨会的热点议题。这些议题源于实践和现实而非理论，但论点都有理论依据和支持。为此，读者会发现本文集讨论的问题与之前出版的文集涉及的选题有所联系，以往议题包括从规模宏大的城市化进程、服务业的发展到金融自由化等，不一而足。

三 结构和内容

本集如同以往分为两个部分，共四篇文章。第一部分讨论中国对欧洲/意大利直接投资，收入了江时学撰写的《"走出去"战略与中国投资欧盟》，姚铃撰写的《关于中国对欧盟投资制约因素的研究》。第二部分聚焦欧洲对华直接投资，收入了弗朗索瓦·勒穆瓦纳撰写的《欧盟对中国的直接投资》，以及阿莱西娅·阿米给尼、马尔科·桑菲利坡撰写的《意大利在中国直接投资的格局变化》。

上述四篇文章剖析了近期经济和金融的发展趋势、投资策略，以及中国和欧洲在过去几年里在国家和欧盟层面采取的政策措施。进一步推动欧盟和中国的双向投资需要一些新的观念，而新的态度只能源于新的认识。

1. 欧洲（意大利）视角

尽管美国仍然是欧盟15国（指老成员国，下同——译者注）对外直接投资最为重要的目的地，但欧盟对亚洲的投资比重正在上升，从1992～2000年占对外直接投资总额的7%上升到2001～2010年的14%，增加了1倍。2001～2010年，中国内地成为欧盟对亚洲投资最为重要的目的地，仅次于中国香港和新加坡。在金砖四国中，中国吸引的欧洲对外直接投资额仅低于巴西。也就是说，欧洲对中国的投资正在迅速扩大，而且有数据显示还有极大的增长空间。弗朗索瓦·勒穆瓦纳指出的这个发展趋势，支持了在中国投资的欧洲公司仍有开发潜力的观点。欧洲对华直接投资的一半集中于制造业（两倍于它对世界其他地区的制造业投资），而对服务业的投资仅占45%（欧盟对世界其他地区的服务业投资比重高达61%）。在制造业，最重要的投资目标为化学工业、电脑和电子产品、机械和设备，以及汽车业。对服务业的投资集中于金融服务、批发和零售，吸引的资金相对较少。

当前的形势正在发生迅速变化。中国的第十二个五年规划（2011～2015年）表明了一个重大的转变。中国的城市化发展规模空前、城市工人的工资上涨、社会支出的增长，这将有利于一个小康社会的中产阶级的出现，从而拉动对消费品和服务需求的增长。这些新的发展机遇在未来几年将逐步显现。毫无疑问，它们为在华欧洲企业开辟了新的发展路径，当企业对市场的关注超过了对效率的追求之时，廉价劳动力的重要性也就相对降低。

在这个问题上，意大利的情况具有启发性。与其他欧洲大国相比，意大利对外直接投资规模的增长幅度较小。对华投资仅占意大利对外直接投资总额的1.7%，但它的分支机构和从业人员却日益增加。意大利的主要投资领域是纺织和工业机械，德国的主要投资领域是化工、工业机械和汽车业，而法国的主要投资领域是食品、烟草、纺织和化工。阿莱西娅·阿米给尼和马尔科·桑菲利坡指出，意大利的特点在于其主要投资重点在过去的十年间发生了变化，目前正着力于零售业设施建设。德国和法国公司的投资仍集中于制造业的发展。换言之，市场导向的投资在意大利对华直接投资中正变得日益重要。

当然，并不是所有事情都如人所愿。2007年，中国终止了对外国投资企业持续了近30年的税收优惠政策。此后，外资公司与中国公司缴纳的所得税率处于相等水平，这表明中国从鼓励投资到提供更多选择的政策变化。此外，欧洲企业家认为中国还采取了各种市场保护主义措施。为此，在欧盟层面上我们能够做什么的问题便被提上了议事日程。但在讨论这个问题之前，我们需要先审视一下中国的对外直接投资。

2. 中国视角

事实上，增长的不仅是欧洲的对华直接投资，反之亦然。欧盟是世界最大经济体，亦是外国直接投资的第一大接受地区。欧盟还是许多世界领先技术的创始之地。因而，正如江时学指出的，由于中国于20世纪90年代开始推行的"走出去"战略的规模和范围不断扩大，欧盟对中国企业来讲变得更为重要。当前的欧洲债务危机为中国公司提供了难得的机遇，因为欧洲各国为平衡预算相继公布了私有化计划。中国对外直接投资增长迅速，从2005年的1.9亿美元攀升至2007年的10亿美元和2011年的75亿美元。2011年，中国公司在欧洲完成了44项收购，而2010年仅有25项。众多事实表明，中国公司对欧盟的投资热情在持续增长。

中国政府决心鼓励和劝说更多的私营企业到欧洲投资。这将减轻一些欧洲人对中国的国家资本和公司收购欧洲企业的忧虑。欧洲有足够的空间吸纳外资，亦可从中获利，因为这些投资将创造就业机会、提高接受国的生产力。在中国对欧盟的直接投资中，租赁和商业服务位居首位（占投资总额的81%，主要接受国依次为卢森堡、英国、荷兰和冰岛）；其次是制造业（占投资总额的19%，主要接受国依次为瑞典、德国、匈牙利、荷兰、英国、意大利、法国、罗马尼亚、西班牙和波兰）。

然而，正如姚铃所指出的，欧盟对中国的投资尚存在众多限制。中国企业不仅在技术和创新方面与欧洲企业存在差异，其经营和把握市场信息的能力也落后于国际水平。有些人认为，中国近年来才开始大规模地海外投资，因而还缺乏经验。中国企业在投资当地没有销售和市场网络，也没有聘用熟悉当地情况的顾问和律师，这些都增加了他们的困难。此外，还有制约中国对外投资发展的直接因素，例如在欧盟层面和欧洲国家层面的限制。在欧洲，中国的国有企业通常要经历更为严格的审批程序。中国企业家将这些限制视为针对他们的保护主义壁垒（欧洲企业家也有类似看法）。那么，中国企业该如何应对？

3. 跨越壁垒：更多合作、更多创新

如同在其他众多领域一样，这个问题并无简单的答案，但本专集就此提出了两个问题。投资是欧盟—中国关系的一个重要支柱，对于双方来说利益攸关。对外直接投资在《里斯本条约》签订后应由欧盟统一管理，但时至今日，包括欧盟成员国与中国签订协议在内的双边投资协议仍在执行，而且这些协议的投资保护标准也不尽相同。因此，制定一项针对中国的统一战略——包括综合投资协议，已经刻不容缓。

这样做符合双方的利益。谈判将包括双方感兴趣的所有问题。在欧盟对中国投资（无论是新项目还是旧项目）更加开放的同时，欧洲企业在中国也将获得更多的保护。中国的投资不但能令欧洲的资产升值，还能为面临前所未有的高失业率压力的欧洲创造就业机会。

此外还有一个引人注目的问题，其中更为重要的是企业和人而不是政府（至少在某种程度上可以这样讲）。在欧洲和美国，中产阶级不得不面对全球竞争、房地产市场低迷，以及紧缩政策造成的高失业率和储蓄缩水等问题，而新兴国家的新中产阶级队伍却在不断扩大，其潜力可能比预期的要大。就全球范围而言，据经合组织预测，至 2020 年中产阶级人数将从 18 亿增至 32 亿，至 2030 年将达 49 亿。其中高达 85% 的增长来自亚洲。这一全球性重大转移可能会打破现存的供应链，并导致新的投资流动。

显然，没有人会告诉我们哪些产品将被消费，由谁又会在哪里生产这些产品。因此，产品、流程和组织创新将是至关重要的。欧洲和中国的企业都在面临一个新的挑战。

序言二

罗红波[*]

一

中国社会科学院欧洲研究所与意大利裕信银行学术刊物《意大利经济评论》(*Economia italiana/Review of Economic Conditions in Italy*) 和《欧洲经济史研究》(*The Journal of European Economic History*)[①] 的合作已经进入了第 14 个年头。双方共同撰写、翻译和出版了 9 部学术著作，其中 6 部以中、意、英 3 种文字在中国和意大利出版，包括《中小企业直面经济全球化》（2004 年）、《移民与全球化》（2006 年）、《产业区直面经济全球化——中意比较研究》（2008 年）、《经济发展中的中央与地方关系——中意比较研究》（2009 年）、《城市：全球化网络的节点》（2010 年）、《银行体系与经济增长——中意比较研究》（2012 年）；1 部著作，即本书《FDI 与经济增长——中欧双向"走出去"战略比较研究》（2013 年），则以中英文两种文字分别在中国和意大利出

---

[*] 中国社会科学院欧洲研究所研究员、博士生导师；意大利研究中心主任。

[①] 2002 年 6 月以前《意大利经济评论》和《欧洲经济史研究》是罗马银行的学术刊物；1999～2002 年，罗马银行先后并购了西西里银行等 4 家银行，于 2002 年 6 月成立了以罗马银行为首的资本银行集团（CAPITALIA Gruppo Bancario），上述两个杂志便成为资本银行集团的学术刊物。为了更好应对全球化的挑战，意大利银行业再次掀起并购浪潮。意大利联合信贷银行集团（Gruppo UniCredit italiano）于 2005 年 6 月和 2007 年 5 月先后购并了德国的裕宝银行集团（HVB Group）和意大利资本银行集团，新组建的银行名称为 UniCredit SpA，中文正式名称为"裕信银行有限公司"（简称"裕信银行"），《意大利经济评论》和《欧洲经济史研究》又成为意大利裕信银行的刊物。中国社会科学院欧洲研究所与上述两个刊物的合作协议均由其上属银行机构签署。裕信银行拥有资产 910 亿欧元，在欧元区排名第一、在欧洲名列第三、在世界居第六位。

版；1 部译著，由意大利著名经济史学家路易吉·德罗萨教授撰写的《战后意大利经济》（*Italian Economic Development since the Second world war*）于 1999 在中国出版发行；还有 1 部著作，由笔者主编的 *Cina：le istituzionali，l'economia，la finanza*（《中国：体制、经济、金融》，意文版）于 2011 年底在意大利出版发行。在此期间，双方还共同在中国举办了 7 部著作的首发式暨学术研讨会，在意大利举行了"中国人眼中的欧洲"学术研讨会（2007 年），"中国经济发展"学术报告会（2006 年）和"后金融危机时期中国与外部世界经济和货币关系"（2010 年）学术报告会，及本书《FDI 与经济增长——中欧双向"走出去"战略比较研究》首发式暨学术研讨会（2013）。

上述 9 部学术著作的出版和学术会议的举行不仅加强了中欧/中意的学术交流，促进了双方人民深层次的相互了解，也为双方经济的健康发展和深入改革提供了有益的借鉴。

二

有关本书的选题和内容，圭雷利和法雷塞两位教授在《序言一》中已经进行了介绍，笔者作为该项目的中方主持人，仅从中国的视角再做一些补充。

如同《序言一》所说，"中欧双向直接投资与经济增长路径"是中国社会科学院和裕信银行学术刊物近年来共同关注的选题。

1. 中国有必要重视和加强与欧盟及其成员国的经贸合作关系

欧盟是世界上一支重要的经济力量，2010 年欧盟国内生产总值（GDP）为 16.106 万亿美元，人均 GDP 为 32283 美元。作为世界上最大的资本输出和商品与服务出口的国家集团，欧盟对世界其他地区的经济发展特别是包括中国在内的发展中国家至关重要。欧盟是中国最大的贸易伙伴，欧盟也视中国为第一进口大国、第二贸易大国。从 2009 年 5 月起，由于经济危机造成的双方贸易额下降的幅度开始呈收窄趋势，双方贸易有望重新恢复增长。在双边技术合作中，欧盟是中国最大的技术引进来源地。中国高度重视发展与欧盟的全面战略伙伴关系。意大利是欧盟创始国之一，她不仅有着灿烂的历史文化，而且有着发达的经济、先进的技术、独特的政治和灵活的外交，在世界上发挥着不可低估的作用。最近几年，中意两国的战略伙伴关系得到提升，政治、经济、技术、文化交流与合作得到进一步加强。本项目希望通过对中欧/中意双向直接投资研究，进一步促进中欧/中意经贸关系的发展。

2. 欧盟/意大利对华投资新趋势值得研究

自 20 世纪 80 年代开始，国际直接投资快速发展，其增长速度逐步超过了国际贸易，成为国别、区域和全球经济增长的重要引擎。中国自改革开放以来积极利用外商直接投资，弥补了国内建设资金的不足，引进了先进的技术设备和管理经验，扩大了社会就业，增加了财政收入，推动了对外贸易的发展。总之，对于经济处于起飞阶段的中国，FDI 对推动经济的增长功不可没。在这一时期，欧盟是中国利用外资的最重要来源之一。自 1997 年以来，欧盟对华的实际投资持续超过美国；2000 年，欧盟对华的合同投资也超过美国，成为中国利用外资的第二来源，仅次于亚洲十国/地区。[①] 今天，外国对华投资趋势发生了重要变化，尤其表现在投资结构上。2012 年，服务业实际使用外资继续超过制造业。1～12 月，制造业实际使用外资 488.7 亿美元，同比下降 6.2%，占全国总量的 43.7%，较上年同期下降 1.2 个百分点。部分高端制造业增长较快，通信设备制造、交通运输设备制造等行业实际使用外资分别增长 31.8% 和 17.2%。服务业实际使用外资 538.4 亿美元，同比下降 2.6%，占全国总量的 48.2%，超过制造业 4.5 个百分点。欧盟/意大利的对华投资结构也发生了类似变化。面对新的形势，有必要对以往欧盟/意大利对华投资情况做一回顾和分析，以便更有效地利用外国直接投资。这是本项目选题的宗旨之一。

欧盟/意大利是中国"走出去"战略的重要目的地，有风险也有机遇。本项目希望能够通过研究和分析，为中国企业更好地利用欧债危机提供的机遇投资欧洲提供一些有益的意见和建议。

三

中国社会科学院是中国哲学社会科学研究的最高学术机构，对中国体制改革和经济社会发展发挥着"思想库"和"智囊团"的重要作用。欧洲研究所是推动欧盟研究（包括意大利研究）在中国系统发展的核心和主要力量。我

[①] 亚洲十国/地区是指中国香港、中国澳门、中国台湾、日本、菲律宾、泰国、马来西亚、新加坡、印尼、韩国。

们高度重视与意大利裕信银行及其学术刊物的友谊与合作。

  本书的撰写、翻译和出版得到了意大利裕信银行的资助。作为这一项目的中方主持人，我衷心感谢中国社会科学院的领导、国际合作局的领导、欧洲研究所的领导、社会科学文献出版社的领导，是他们一贯的大力支持，使这一合作项目在过去的13年里能够很好地执行，并取得令人满意的成果。感谢参与本项目合作并提供了高水平论文、才干卓著的专家学者，他们的工作及其成果保证了本项目合作研究的开阔视野和应有的学术严谨性。在此，还要特别感谢黄德志编审、祝得彬主任及其领导的团队，是他们在时间十分紧迫的情况下，给予我们极大的帮助，使该项目成果能够快速准时、保质保量地奉献给读者。

上 篇
对中国在欧洲/意大利直接投资的研究

"走出去"战略与中国投资欧盟

江时学[*]

随着中国经济实力的不断增强,鼓励中国企业"走出去"已成为中国的国策和改革开放战略的重要组成部分。作为世界上最大的经济体,欧盟不仅提供了巨大的市场,而且还拥有多种处于世界领先地位的科学技术。因此,在中国企业"走出去"的过程中,欧盟的重要地位是不言而喻的。一方面,无论在当前的债务危机中还是在"后危机"时代,欧洲都有大量的投资机会;另一方面,随着经济实力的不断增强,中国"走出去"的步伐会进一步加快。因此,中国投资欧盟的前景是美好的,并将继续为中国和欧洲的东道国创造"双赢"。

一 "走出去"战略的由来

中国的"走出去"战略是在20世纪90年代提出的。1992年10月12日,江泽民在中国共产党第十四次全国代表大会上的报告中提出了努力实现十个方面关系全局的主要任务,其中第二个任务是"进一步扩大对外开放,更多更好地利用国外资金、资源、技术和管理经验"。他说:"积极开拓国际市场,促进对外贸易多元化,发展外向型经济。扩大出口贸易,改善出口商品结构,提高出口商品的质量和档次,同时适当增加进口,更多地利用国外资源和引进先进技术。深化外贸体制改革,尽快建立适应社会主义市场经济发展的、符合国际贸易规范的新型外贸体制。赋予有条件的企业、科技单位以外贸自营权。

---

[*] 中国社会科学院欧洲研究所副所长、研究员、博导。

积极扩大我国企业的对外投资和跨国经营。"① 毫无疑问，江泽民提出的"积极扩大我国企业的对外投资和跨国经营"，可以被视为"走出去"战略的萌芽。

1993年11月14日中国共产党第十四届中央委员会第五次全体会议通过的《中共中央关于建立社会主义市场经济体制若干问题的决定》，是指导中国改革开放的最重要的文件之一。这一文件要求国家赋予具备条件的生产和科技企业对外经营权，发展一批国际化、实业化、集团化的综合贸易公司，并且还要求国家用汇率、税收和信贷等经济手段调节对外经济活动。②

1996年5月8~22日，江泽民访问非洲六国。同年7月26日，他在河北省唐山市考察工作时明确提出：要加紧研究国有企业如何有重点有组织地走出去，做好利用国际市场和国外资源这篇大文章。广大发展中国家市场十分广阔，发展潜力很大。我们要把眼光放远一些，应着眼于未来、着眼于长远，努力加强同这些国家的经济技术合作，包括利用这些国家的市场和资源搞一些合资、合作经营的项目。③ 这是江泽民首次使用"走出去"的提法。

此后，江泽民在多个场合讲到实施"走出去"战略的紧迫性和必要性，其中最重要的一次是他在1997年12月24日会见全国外资工作会议代表时的讲话。他说："在此，我想再讲一个重要问题，就是我们不仅要积极吸引外国企业到中国投资办厂，也要积极引导和组织国内有实力的企业走出去，到国外去投资办厂，利用当地的市场和资源。视野要放开一些，既要看到欧美市场，也要看到广大发展中国家的市场。……在努力扩大商品出口的同时，必须下大气力研究和部署如何走出去搞经济技术合作。'引进来'和'走出去'，是我们对外开放基本国策两个紧密联系、相互促进的方面，缺一不可。这个指导思想一定要明确。现在，国际竞争这样激烈，无论从目前搞活国有企业还是从我国经济的长远发展来看，非这样做不可。这个问题，我从非洲访问回来后就谈过。我们要进一步抓紧这方面的研究、部署和组织实施工作，争取在两三年内取得明显成效。关键是要有领导、有步骤地组织和支持一批国有大中型骨干企

---

① 江泽民在中国共产党第十四次全国代表大会上的报告：《加快改革开放和现代化建设步伐，夺取有中国特色社会主义事业的更大胜利》，http：//news.xinhuanet.com/ziliao/2003-01/20/content_697148.htm。
② http：//news.xinhuanet.com/ziliao/2005-03/17/content_2709770.htm。
③ http：//www.wxyjs.org.cn/GB/186508/186513/186684/186686/16896286.html。

业走出去，形成开拓国外投资市场的初步规模。这是一个大战略，既是对外开放的重要战略，也是经济发展的重要战略。"①

2000年10月11日中国共产党第十五届中央委员会第五次全体会议通过的《中共中央关于制定国民经济和社会发展第十个五年计划的建议》，是第一个明确提出"走出去"战略的中央文件。该文件要求各地"实施'走出去'战略，努力在利用国内外两种资源、两个市场方面有新的突破。鼓励能够发挥我国比较优势的对外投资，扩大经济技术合作的领域、途径和方式，支持有竞争力的企业跨国经营，到境外开展加工贸易或开发资源，并在信贷、保险等方面给予帮助。抓紧制定和规范国内企业到境外投资的监管制度，加强我国在境外企业的管理和投资业务的协调"。②

2002年11月8日，江泽民在中国共产党第十六次全国代表大会上的报告中再次提出，"实施'走出去'战略是对外开放新阶段的重大举措。鼓励和支持有比较优势的各种所有制企业对外投资，带动商品和劳务出口，形成一批有实力的跨国企业和著名品牌"。③

2009年，商务部国外经济合作司更名为对外投资和经济合作司，国家发展和改革委员会的利用外资司更名为利用外资和境外投资司。国务院系统两个重要部门内有关机构的改名，意味着政府越来越重视对外直接投资的促进和管理，与此相关的工作已被纳入政府的日常管理。④

2011年3月14日第十一届全国人民代表大会第四次会议批准的《中华人民共和国国民经济和社会发展第十二个五年规划纲要》（以下简称《"十二五"规划》）再次确定了"走出去"战略的重要性。《"十二五"规划》的第52章指出，坚持"引进来"和"走出去"相结合，利用外资和对外投资并重，提高安全高效地利用两个市场、两种资源的能力，按照市场导向和企业自主决策原则，引导各类所有制企业有序开展境外投资合作。《"十二五"规划》甚至还要求做好海外投资环境研究，强化投资项目的科学评估，健全境外投资促进

---

① 江泽民：《实施"引进来"和"走出去"相结合的开放战略》，http://www.wxyjs.org.cn/GB/186508/186513/186684/186686/16896286.html。
② http://news.sina.com.cn/china/2000-10-18/136029.html。
③ http://news.xinhuanet.com/newscenter/2002-11/17/content_632268.htm。
④ 卢进勇、闫实强：《中国对外直接投资促进与服务体系建设的演进、成绩与前景展望》，《海外投资与出口信贷》2012年第4期，第28~30页。

体系，提高企业对外投资便利化程度，维护我国海外权益，防范各类风险。[①] 中国共产党第十八次全国代表大会的报告也指出，要加快"走出去"步伐，增强企业国际化经营能力，培育一批世界水平的跨国公司。

为了实施"走出去"战略，有关政府部门先后出台了多种优惠政策和刺激性措施。例如，1999年2月14日，国务院办公厅转发了外经贸部、国家经贸委、财政部制定的《关于鼓励企业开展境外带料加工装配业务的意见》。[②] 鼓励措施主要包括：（1）资金鼓励；[③]（2）简化外汇管理手续；（3）享受出口退税政策；（4）金融服务和政策性保险鼓励；（5）优先赋予其自营进出口权，优先安排出口许可证或配额，简化经营管理人员的外派审批手续。[④]

2009年3月16日，商务部发布了《境外投资管理办法》。[⑤] 这是中国政府出台的第一部规范和管理对外投资活动的部门规章。这一法规对境外投资的核准、投资行为的规范、管理和服务以及处罚等作出了较为细致的规定。[⑥] 同年7月13日，国家外汇管理局发布了《境内机构境外直接投资外汇管理规定》。根据这一规定，境内机构可以使用自有外汇资金、符合规定的国内外汇贷款、人民币购汇或实物、无形资产及经国家外汇管理局核准的其他外汇资产来源进行境外直接投资，境内机构境外直接投资所得利润也可留存境外用于其境外直接投资。[⑦]

许多省、自治区和直辖市的政府也根据国家的文件和各自的需求制定了相

[①] http://politics.people.com.cn/GB/14163512.html.
[②] 境外带料加工装配是指中国企业以现有技术、设备投资为主，在境外以加工装配的形式，带动和扩大国内设备、技术、零配件、原料出口的国际经贸合作方式。
[③] 资金领域的鼓励措施是：（1）凡符合规定贷款条件的企业，有关银行对其到境外建厂提供人民币中长期贷款；（2）从中央外贸发展基金中安排专项资金用于扶持境外带料加工装配项目，项目由进出口银行评估、放款和回收；（3）到境外开展带料加工装配业务的企业可从援外优惠贷款、合资合作项目基金中得到资金支持；（4）为鼓励扩大生产规模，允许境外带料加工装配企业将获利后5年内所获利润充实资本金；（5）银行对境外带料加工装配出口的设备、技术、零配件、原材料所需资金优先提供出口信贷；（6）从事带料加工装配项目企业申请批准的周转外汇贷款，银行按正常的贷款利率执行，由中央外贸发展基金对出口企业贴息2个百分点。
[④] http://www.gov.cn/fwxx/bw/swb/content_449812.htm.
[⑤] http://hzs.mofcom.gov.cn/aarticle/zcfb/b/200905/20090506252047.html.
[⑥] http://news.xinhuanet.com/fortune/2009-03/16/content_11021992.htm.
[⑦] http://www.safe.gov.cn/wps/portal/!ut/p/c4/04_SB8K8xLLM9MSSzPy8xBz9CP0os3g_PZxdnX293QwMLE09nA09Pr0BXLy8PQyNPI_2CbEdFAKLWUno!/?WCM_GLOBAL_CONTEXT=/wps/wcm/connect/safe_web_.

应的鼓励"走出去"的政策。例如，浙江省在 2011 年 11 月 16 日发布了《浙江省人民政府关于统筹省内发展和对外开放加快实施走出去战略的意见》。该文件指出，浙江省应该"以服务经济转型升级、增强经济整体国际竞争力为主线，统筹利用国际国内两个市场、两种资源，加强与世界各国和地区的投资贸易合作，推进全省产业、企业在全球优化布局、合理配置要素资源，不断壮大、提升浙江本土经济，培育本土跨国公司，赢得国际竞争新优势，实现'闯天下'与'强浙江'的有机统一"。为此，该文件确定了涉及资金来源、税收优惠、人民币的跨境使用、市场信息、人才培养和风险预警等方面的一系列优惠措施。①

甚至一些地级政府也出台了鼓励本地企业"走出去"的规章制度和政策。例如，宁波市人民政府早在 2007 年 1 月 31 日就制定了《关于进一步加快实施"走出去"战略的若干意见》，"鼓励纺织服装、机械电子、化工建材、轻工食品、种植养殖、水产品加工等行业的优势企业，采取'贸易先行、投资跟进'的经营策略，利用现有设备和成熟技术，到东盟、非洲、拉美、东欧等发展中国家和地区，建立生产基地、营销网络和售后服务中心，开展境外加工贸易，带动设备、原材料和零部件出口"。该文件还指出，"境外资源开发应重点围绕资源丰富、政局相对稳定、与我国关系友好的国家和地区，主要包括东盟、俄罗斯、中亚、伊朗等周边国家和地区，中东地区，尼日利亚、委内瑞拉、巴西等非洲、拉美国家以及澳大利亚、加拿大等发达资源国"。②

为了推动"走出去"战略的实施，商务部出版了介绍国外投资环境的国别系列研究报告，截至 2012 年 8 月已出版了 31 本。③ 自 2003 年起，商务部在每年 4 月发布《国别贸易投资环境报告》。④ 此外，商务部还开设了"中国投资指南"和"中国外经贸企业服务网"等网站。⑤ 所有这一切都为企业了解东道国的投资环境提供了有力的支持。

许多研究机构、大学和企业设立了不少专门研究中国对外直接投资的

---

① http://www.zhejiang.gov.cn/gb/zjnew/node3/node22/node167/node360/node368/userobject9ai129548.html.
② http://www.zsyzw.cn/news/7/100/593/list/89230.htm.
③ http://www.fdi.gov.cn/pub/FDI/tzdt/zt/ztmc/zgdwtzcj2/default.htm.
④ http://gpj.mofcom.gov.cn/aarticle/d/cw/201104/20110407504244.html.
⑤ http://fdi.gov.cn/pub/FDI/default.htm.

课题。例如，全国哲学社会科学规划办公室在《2011年度国家社会科学基金项目课题指南》中设立了一个题为"新形势下中国企业走出去发展战略研究"的课题。① 香港中国商会自2011年起主办一年一度的"中国海外投资年会"。2011年11月15～16日主办的第一届年会吸引了来自世界各地的8600人。② 自2009年以来，中国产业海外发展和规划协会与国家开发银行每年共同主办一届"中国对外投资合作洽谈会"。③ 欧美同学会企业家联谊会迄今为止已主办了十届中国企业实施"走出去"战略论坛，邀请政府官员、企业家、学者和国外有关人士讨论和总结中国企业"走出去"的经验教训。④

综上所述，"走出去"战略的实施已成为党和国家的中心工作之一。其宗旨是通过对外直接投资、对外承包工程以及对外劳务合作等形式，积极参与国际竞争与合作，充分利用国内和国外"两个市场、两种资源"，实现中国经济的可持续发展。

二　中国投资欧盟的特点

根据中国商务部、国家统计局、国家外汇管理局在2012年8月30日联合发布的《2011年度中国对外直接投资统计公报》，2011年中国对外直接投资净额（流量）实现了连续十年的增长，达到746.5亿美元，较上年增长8.5%，再创历史新高；对欧洲投资82.5亿美元，同比增长22.1%，实现连续三年的高速增长。截至2011年末，中国对外直接投资累计净额（存量）达4247.8亿美元，位居全球第13位，较上年末提升4位。

截至2011年末，中国对欧盟的投资存量为202.91亿美元，占对欧洲投资存量的83%。换言之，欧盟是中国投资欧洲的主要场所。

中国投资欧盟的特点主要如下。

---

① http://www.npopss-cn.gov.cn/GB/219471/219473/14842789.html.
② http://www.cois.net/about.asp.
③ http://coifair.org/index.aspx.
④ 第十届中国企业实施"走出去"战略论坛于2011年12月12日在北京人民大会堂召开，http://www.wrsaea.com/plus/view.php?aid=275。

(一) 投资规模快速扩大

如表 1 所示，2005 年，中国在欧盟的直接投资流量仅为 1.9 亿美元，2007 年超过 10 亿美元，2011 年扩大到 75.6 亿美元；2005 年的存量仅为 7.6 亿美元，2008 年超过了 30 亿美元，2011 年超过了 200 亿美元，即在 3 年时间内增加了约 170 亿美元。[①]

表 1 中国对欧盟直接投资流量及存量

单位：亿美元

年份	2005	2006	2007	2008	2009	2010	2011
流量	1.9	1.3	10.4	46.6	29.7	59.6	75.6
存量	7.6	12.7	29.4	31.7	62.8	125.0	202.9

资料来源：商务部、国家统计局、国家外汇管理局：《2011 年度中国对外直接投资统计公报》，中国统计出版社，2012，第 45 页。

中国对欧盟直接投资规模快速扩大的原因是多方面的：一是中国经济实力在快速增强，二是中国政府采取的鼓励企业"走出去"的措施越来越有力，三是中国企业越来越认识到"走出去"的重要性和必要性，四是欧盟也希望通过吸引外国资本来加快经济发展，尤其在欧洲债务危机爆发后，欧盟实施的私有化计划为中国企业"走出去"提供了不可多得的机遇。

(二) 投资领域分布广

2011 年，就中国在欧盟的直接投资存量而言，租赁和商务服务业似乎最受"青睐"，投资额为 165.07 亿美元（占投资总额的 81.36%），主要分布在卢森堡、英国、荷兰和爱尔兰等国；制造业为 38.26 亿美元（占投资总额的 18.9%），主要分布在瑞典、德国、匈牙利、荷兰、英国、意大利、法国、罗马尼亚、西班牙和波兰等国；金融业为 20.84 亿美元（占投资总额的 10.2%），主要分布在英国、德国、卢森堡、法国和意大利等国；采矿业为 37.48 亿美元（占投资总额的 18.5%），主要分布在法国、英国和卢森堡等

[①] 商务部、国家统计局、国家外汇管理局：《2011 年度中国对外直接投资统计公报》，中国统计出版社，2012，第 44 页。

国；批发和零售业为 8.1 亿美元（占投资总额的 4%），主要分布在德国、英国、意大利和瑞典等国。其他领域所占比重不大：农业占 1.8%，交通运输和仓储业占 1.5%，科研、技术服务和地质勘查业占 0.9%，房地产业占 0.7%。

但在不同年份，投资领域的分布不尽相同。如在 2011 年，进入采矿业的投资额为 33.91 亿美元（占投资总额的 44.8%），主要分布在法国、塞浦路斯和英国等国；租赁和商务服务业为 22.7 亿美元（占投资总额的 30%），主要分布在卢森堡、英国、西班牙和爱尔兰等国；制造业为 6.47 亿美元（占投资总额的 8.6%），主要分布在德国、荷兰、西班牙、法国、瑞典、保加利亚、意大利、英国和奥地利等国；金融业为 5.2 亿美元（占投资总额的 6.9%），主要分布在英国、德国、卢森堡和法国等国；电力行业为 2.57 亿美元（占投资总额的 3.4%），主要分布在意大利和德国。[①]

（三）卢森堡已成为中国对欧盟直接投资的主要场所

2008 年以前，中国在卢森堡的投资微不足道，而 2009 年以来却出现了异常快速的增长（见表2）。截至 2011 年末，在中国对外直接投资存量前 20 位的国家（地区）中，卢森堡名列第七。

表 2 中国对卢森堡直接投资的流量、存量及其占中国对欧盟直接投资的比重

年份	2007	2008	2009	2010	2011
流量（亿美元）	0.04	0.4	22.7	32.1	12.7
占流量总额的比重（%）	0.4	9.0	76.5	53.8	16.7
存量（亿美元）	0.7	1.2	24.8	57.9	70.8
占存量总额的比重（%）	2.3	3.9	39.6	46.3	34.9

资料来源：商务部、国家统计局、国家外汇管理局：《2011 年度中国对外直接投资统计公报》，中国统计出版社，2012，第 45 页。

卢森堡自然资源贫乏，市场狭小。但这个欧洲小国的投资环境具有以下几个极具吸引力的优势：一是发展水平高，按购买力平价计算的人均 GDP 超过 8 万美元；二是地理位置优越;[②] 三是市场开放度高；四是法律体系健全，金融

---

① 商务部、国家统计局、国家外汇管理局：《2011 年度中国对外直接投资统计公报》，第 19~20 页。
② 卢森堡东邻德国，南毗法国，西部和北部与比利时接壤。

制度发达，基础设施完备，劳动力素质高；五是政府制定了优惠的税收政策，鼓励外资流入。

2012年5月23日，正在卢森堡进行正式友好访问的全国人民代表大会常务委员会委员长吴邦国说，卢森堡是世界著名的金融中心之一，在现代服务业、高端制造业、高新技术、现代物流等方面具有优势。中方将继续支持中国企业以卢森堡为平台开展面向欧洲国家的贸易和投资合作，希望卢森堡为中国企业提供更多便利。亨利大公表示，卢森堡希望成为中国投资者和欧洲市场之间的桥梁。①

三 中国在欧盟的投资是一种"双赢"

欧盟经济是开放型的，多个欧盟国家的领导人和一些政府官员曾在不同场合表示，中国的投资在欧盟是受欢迎的。例如，2012年2月初默克尔访华时说，德国非常欢迎中国的投资，欧洲和德国不会把经济往来政治化，欧洲不会建立一堵"保护主义的墙"，德中两国政府将通过合作促进双边贸易和投资。②她还说，在欧洲，那些有自信心的人并不担心中国企业到欧洲投资。事实上，通过这样的竞争，大家恰恰能够变得更好。③ 2012年6月12日，德国经济部长菲利普·勒斯勒尔在柏林的一次关于德国如何吸引外国投资的新闻发布会上说，德国政府鼓励更多的中国企业投资德国，并希望德国人正视中国企业在促进就业等方面的积极表现。④ 2011年12月11日，英国前首相戈登·布朗在广州出席"沃特金融峰会"时表示，欧洲是一个很好的投资地，因为欧洲一直对包括中国在内的其他国家的投资持欢迎的态度。他不希望欧洲以过多的保护措施来排斥投资。⑤ 希腊内政部长帕姆布基斯说："中国朋友对我们的支持是

---

① 《吴邦国会见卢森堡大公亨利》，人民网，2012年5月25日，http：//politics.people.com.cn/GB/1024/17981149.html。
② 《温家宝与德国总理默克尔共同会见记者》，2012年2月2日，http：//news.china.com.cn/txt/2012-02/02/content_24538326.htm。
③ 《中德总理与企业家畅谈两国合作》，2012年2月4日，http：//news.xinhuanet.com/2012-02/04/c_122654911.htm。
④ http：//news.xinhuanet.com/fortune/2012-06/13/c_112205889.htm。
⑤ http：//www.chinanews.com/cj/2011/12-11/3523455.shtml。

我们的福气；……我不认为中国是骑着特洛伊木马来到欧洲的。"①

但是，也有一些欧洲人对中国在欧洲的投资怀有很大的偏见。例如，冰岛内政部长约纳松认为，"中国人想买下整个世界"。② 法国智库"未来展望"的研究员菲利浦·德拉兰德（Philippe Delalande）说："法国人在面对中国人时，应当摒弃某些天真的想法。法国人会被中国方面有关合作的话语所吸引，而这些合作通常掩饰着一种谋求权势和快速效益的意愿。中国的政治权威与企业之间长期存在着合谋，而这种合谋与市场经济的观念是背道而驰的，并且已经使法国人窘迫不已。欧洲应当改革其法律，以防止中国投资所带来的危害。欧洲应该只接受那些对欧洲有益的投资。令我们担忧的是，欧洲的生产性资本……正在被中国迅速地宰割。"③

欧洲的一些媒体对中国投资欧洲同样说三道四。例如，英国《金融时报》对中国企业家黄怒波有意投资冰岛的旅游业作出了这样的评论："此举可能让北京方面在北大西洋获得一个战略立足点。……该项目可能为中国对这个大西洋岛国和北约成员国的地缘政治兴趣提供一个幌子。"④ 黄怒波认为，他之所以被冰岛拒拒，是因为对方忌惮他的中国共产党党员身份。他认为，冰岛政府阻止他提出的 800 万美元购地交易，让人感觉到了"反华、反共的意味"。⑤

在国际上颇有影响力的英国《经济学家》（又译《经济学人》）杂志曾多次发表关于中国对外投资的文章，而这些文章传递的信息都是不利于中国的。例如，在一篇题为"中国要买下整个世界"的文章中，该杂志直截了当地说，中国在欧洲和其他国家的投资引起了人们的忧虑，而且这种忧虑在未来会进一步加剧。文章还写到，共产党控制的中国投资者的行为常常是不透明的，既有获取利润的动机，也有政治目的方面的考虑。他们既要美国的天然气和巴西的电，也要瑞典的汽车公司沃尔沃。中国企业希望得到的也是原料、技术和市场份额，但他们得到了国家的引导，而这个国家不是其他国家的战略盟友，而是

---

① http://www.nytimes.com/2010/11/02/business/global/02euro.html.
② http://www.bbc.co.uk/news/world-europe-14714524.
③ Philippe Delalande, "Les investissements chinois en France: les craindre ou les souhaiter", *Le Monde*, le 15 octobre 2012.
④ http://www.ftchinese.com/story/001040408/en.
⑤ http://cn.wsj.com/gb/20111230/rec125518.asp.

战略竞争者。①

对中国投资的上述偏见显然是无稽之谈。众所周知，与美国和其他一些国家相比，中国对外直接投资的数额是微不足道的。根据欧洲统计局的数据，2011年，进入欧盟的外国直接投资额为2253亿欧元，中国仅为32亿欧元，占1.4%（见表3）。

表3 2011年进入欧盟的外国直接投资

单位：亿欧元

美国	加拿大	中国香港	日本	巴西	中国	印度	俄罗斯
1148	68	65	54	47	32	19	14

资料来源：欧洲统计局，http://epp.eurostat.ec.europa.eu/statistics_explained/index.php/Foreign_direct_investment_statistics。

其实，中国在欧盟的投资既有利于中国，也有利于欧洲东道国，因而是一种"双赢"。欧盟从中国的投资中获得的有利之处主要包括以下几方面。

（一）弥补了东道国的资金需求。欧洲虽然是发达地区，但它同样需要扩大投资，同样需要用外部资金弥补资本积累的不足。尤其在蒙受久拖不决的债务危机的沉重打击后，欧洲对外部资金的需求似乎在扩大。

（二）为东道国创造了大量就业机会。无论是采用"绿地投资"还是"褐地投资"（并购）的形式，中国在欧盟的投资都创造了可观的就业机会。据《2011年度中国对外直接投资统计公报》，中国在欧盟设立的1600多家直接投资企业雇用了5万名当地工人。②

美国荣鼎咨询公司的一个研究报告认为，2000~2011年，中国在欧洲的428笔"绿地投资"（不包括投资额在100万美元以下的投资项目）创造了1.5万个就业机会。虽然"褐地投资"创造的就业机会不多，但能保留原有的就业机会，因此也能对降低东道国的失业率作出了贡献。荣鼎咨询公司认为，2010年浙江吉利控股集团并购沃尔沃后，不仅保留了1.6万名

---

① "Chinese acquisitions: China buys up the world", *The Economist*, November 11, 2010, http://www.economist.com/node/17463473.
② 商务部、国家统计局、国家外汇管理局：《2011年度中国对外直接投资统计公报》，第19页。

工人，而且还在瑞典等地投资 110 亿美元。这一投资创造的就业数量不容低估。

此外，中国的投资使东道国企业起死回生后，也能避免企业裁员。据联想集团董事长杨元庆透露，联想在并购德国麦迪龙公司后，不仅没有从德国"拿走"一个工作岗位，反而大大增加了德国雇员的人数，甚至还把过去仅局限于德国的市场扩大到了整个欧洲。他说，联想现在既是一个"走出去"的中国企业，也是德国的一个本土企业。[①]

（三）提升了东道国资产的价格。在市场规律的作用下，更多的投资者意味着资产价格的更大幅度的上升。因此，中国资本的进入有利于上述欧洲国家实施其私有化计划，有利于他们在买卖双方的供求关系中处于更为有利的地位。

（四）有利于推动东道国的生产力发展。受多种内外因素的不良影响，一些欧洲国家的基础设施或制造业企业难以发挥其比较优势，劳动生产率得不到提高。例如，在 2007 年国际金融危机和劳资纠纷的冲击下，希腊最大的比雷埃夫斯港（Piraeus）集装箱码头的吞吐量出现了较大幅度的下跌。2008 年 6 月 12 日，中国远洋运输集团（COSCO）在该码头的私有化招标中成功中标，以 34 亿欧元的价格获得其二号码头和三号码头为期 35 年的特许经营权。经过 COSCO 的培训，希腊工人的装卸速度由原来的每小时每班 6 箱提高到 22 箱，超过了欧洲的平均装卸水平，有些工人的最高速度高达 46 箱，打破了当地的纪录。[②] 据报道，2012 年 1 ~ 9 月，该码头已装卸了 20 万国际标准箱单位（TEU）的集装箱，比 2011 年同期增长了 96%。[③] 希腊外交部长巴科扬尼斯在接受新华社记者采访时表示，COSCO 将在特许经营权期限内年为希腊创造 43 亿欧元的收益和 1000 个就业机会，吞吐量有望增加 2.5 倍。[④]

（五）有利于东道国企业扩大其市场份额。例如，被三一重工收购的德国普茨迈斯特公司的主导产品是泵车，混凝土机械产品则不是其强项。因此，三一重工可以帮助它尽快开发出搅拌车和搅拌站等混凝土设备，迅速扩大其产业

[①] 《中德总理与企业家畅谈两国合作》，2012 年 2 月 4 日，http: //news. xinhuanet. com/2012 - 02/04/c_ 122654911. htm。
[②] http: //www. chinasoe. com. cn/magazine/201205/2012 - 04 - 27/2886. html。
[③] http: //www. simic. net. cn/news_ show. php? lan = en&id = 114637。
[④] http: //news. xinhuanet. com/fortune/2009 - 10/01/content_ 12153389. htm。

链，在世界市场上获取更多的优势。① 三一重工董事长梁稳根表示，普茨迈斯特不仅会继续销售其全部产品，而且还会把三一重工的其他工程机械产品销往全球。他还说，未来的普茨迈斯特不仅不会减少其全球就业岗位，反而会大幅度增加。② 普茨迈斯特首席执行官诺伯特·肖毅也认为，"三一重工的收购完美地丰富了我们的产品组合"。③ 国际建筑信息提供商 KHL 集团认为，三一重工的收购进一步扩大了普茨迈斯特在混凝土机械市场上的影响力。④

当然，中国在欧盟的投资也是有利于中国的。这一有利之处主要包括以下几个方面。

（一）有利于昭示中国的经济实力。世界经济的发展进程表明，资本输出的能力与一个国家的经济实力密切相关，经济实力愈强大，对外直接投资的数量愈多。在英国、美国和日本等发达国家，较大规模的资本输出之时，正是其经济实力强大之日。

改革开放已使中国从一个"一穷二白"的落后国家成长为世界经济大国。1978 年中国开始实施改革开放时，国内生产总值仅为 3645 亿元，1986 年超过 1 万亿元，2001 年超过 10 万亿元，2011 年已高达 47.2 万亿元。⑤ 中国经济发展到这样一个程度，必然会扩大对外直接投资。

（二）有利于中国获得欧洲的先进技术。欧洲是工业革命的发源地，许多国家在科学技术领域长期处于世界领先地位。中国在转变经济发展方式的过程中，必须更大规模地使用先进的科学技术，在真正意义上实现科技强国的宏大目标。

对外直接投资能使中国更为容易地获得欧洲的技术和市场。例如，德国普茨迈斯特公司在液压系统、涂装及焊接等领域有着国际领先的技术。这些技术对三一重工的路面机械和挖掘机械的零部件及整装工艺都是极为有用的。此外，三一重工不仅拥有普茨迈斯特的全球销售网络，而且还能使用"德国制造"的标签。

---

① http://www.sanygroup.com/group/zh-cn/media/120714fmjicptwivcnxk_for_special_list_text_content.htm.
② http://hunan.sina.com.cn/news/shms/2012-04-18/23489.html.
③ http://news.xinhuanet.com/energy/2012-07/25/c_123464721.htm.
④ http://news.xinhuanet.com/energy/2012-07/25/c_123464721.htm.
⑤ http://www.stats.gov.cn/tjsj/ndsj/2011/indexch.htm；2011 年引自 2012 年 3 月 5 日温家宝总理的政府工作报告。

（三）有利于实现外汇储备资产的多元化。1950 年，中国的外汇储备仅为 1.57 亿美元，1990 年上升到 100 亿美元，1996 年超过 1000 亿美元，2006 年突破 1 万亿美元，截至 2012 年 6 月末，中国的外汇储备资产已高达 3.24 万亿美元。① 这一巨额财富有助于增强中国的对外支付能力，有助于提升海内外对中国经济和人民币的信心，有助于防范金融风险，因而具有重大的积极意义。

但是，毋庸置疑，外汇储备资产增长过快或规模过大，既会加大其管理的难度，也会增大人民币升值的压力，甚至可能会造成一定的"浪费"。因此，实现外汇储备资产的多元化是当务之急，而扩大对外直接投资正是实现外汇储备资产多元化的"捷径"之一。2009 年 2 月 1 日，温家宝总理在接受英国《金融时报》的采访时表示，"外汇必须用在国外，用在对外贸易和对外投资。因此我们希望用外汇来购买中国亟须的设备和技术"。②

（四）有利于减缓欧盟对中欧贸易失衡的不满。欧盟是中国最大的贸易伙伴，中国则是欧盟的第二大贸易伙伴。中国经济的快速发展使中国的出口能力不断强化，中欧全面战略伙伴关系的确立则为中欧经贸关系的推进创造了良好的政治条件。据中方统计，2011 年，中欧双边贸易额已高达 5672 亿美元，③即每天有 15 亿美元的商品在中欧之间流动。

由于中国产品在市场容量很大的欧盟市场具有较强的竞争力，而欧盟对技术出口有多种多样的限制，因此，长期以来，中欧贸易平衡对中国有利，对欧盟不利。如在 2011 年，根据中方的统计，中国对欧盟的贸易顺差高达 1400 多亿美元。④

中欧贸易失衡并非中方的"一厢情愿"，但欧盟的媒体和政治家则将其视为不公平竞争或人民币汇率问题的结果。为保护本国市场，许多欧盟成员国经常性地对中国出口产品诉诸反倾销。

为了减少贸易摩擦，欧盟应正视中欧贸易中的互补性，扩大对华技术出口；中国则应加大投资欧盟的力度，使对欧投资在中欧经贸关系中占据更为重要的地位，以减缓欧盟对中欧贸易失衡的不满。

---

① http://www.safe.gov.cn/wps/portal/sy/tjsj_lnwhcb.
② http://news.xinhuanet.com/newscenter/2009-02/02/content_10753101_1.htm.
③ http://ozs.mofcom.gov.cn/aarticle/date/201203/20120308026926.html.
④ 根据欧洲统计局发表的数据，2011 年中国对欧盟的贸易顺差为 1559 亿欧元。引自 Eurostat News Releases, "Euro area external trade deficit 7.6 bn euro", March 16, 2012.

四 需要关注的若干问题

中国企业"走出去"已成为一种不以人的意志为转移的大趋势。作为世界上最大的经济体,欧盟将继续成为中国对外直接投资"青睐"的重要场所。

欧洲债务危机爆发后,一些国家为尽快实现政府财政收支平衡而制定了私有化计划。据报道,希腊力图在 2012～2013 年间对基础设施和制造业等领域的价值 150 亿欧元的国有企业实施私有化,使私有化的总收入在 2015 年达到 500 亿欧元。① 爱尔兰计划对价值 20 亿欧元的国有企业实施私有化,但国际货币基金组织（IMF）要求扩大到 50 亿欧元。② 葡萄牙将在 2013 年前将价值 60 亿欧元的航空公司、铁路、邮政、能源和纸张制造企业实施私有化。③ 意大利经济部长特雷蒙蒂表示,意大利政府将对除自来水公司以外的大多数国有企业实施私有化,以便在 2014 年实现财政平衡。④ 西班牙也制订了对国内两个最大的机场和彩票公司的私有化计划。⑤

一方面,无论在当前的债务危机中还是在"后危机"时代,欧洲有大量的投资机会;另一方面,随着经济实力的不断增强,中国"走出去"的步伐会进一步加快。因此,中国投资欧盟的前景是美好的。当然,为了使这一美好的前景成为现实,今后中国在投资欧盟的过程中,必须进一步关注以下几个问题。

（一）如何提防"国家风险"？"国家风险"就是企业在东道国或国际市场上面临的各种危险。它有狭义和广义之分。狭义的"国家风险"仅仅是英国经济学家情报社（Economist Intelligence Unit）关注的主权债务风险、货币风险、银行风险、经济结构风险和政治风险。广义的"国家风险"则囊括政治、经济、外交、社会和自然等方面,其种类不胜枚举。换言之,广义的"国家风险"既包括战争、军事政变、武装冲突、种族矛盾激化或社会骚乱之类的政治危机,也涉及经济危机、金融危机、银行危机、货币危机或债务危

---

① *Financial Times*, September 30, 2011.
② http://online.wsj.com/article/BT-CO-20110915-703297.html.
③ http://www.globaltimes.cn/business/world/2010-03/513676.html.
④ http://www.reuters.com/article/2011/07/13/us-italy-debt-idUSTRE76C47720110713.
⑤ http://online.wsj.com/article/SB10001424052970204002304576628712123678024.html.

机；既有国有化、汇率波动、房地产泡沫破裂、国内通货膨胀率居高不下或国际市场上初级产品价格大幅度起伏等不良因素导致的风险，也有东道国受到国际制裁、与邻国关系恶化、断交之类的外交事件；既有上述人为的风险，也有地震、海啸、"厄尔尼诺"等多种多样的自然灾害。

"国家风险"与一个国家的投资环境密切相关。在一定意义上，"国家风险"实际上就是投资环境。投资环境又有所谓"硬环境"和"软环境"之分。"硬环境"是人不可改变的，比如说地理位置、气候、自然条件、资源禀赋等等。"软环境"则是人能够想方设法改变的，如经济政策、发展水平、政治民主、社会治安、法律体系和基础设施等等。因此，在预测和分析"国家风险"时，不妨从投资环境尤其是"软环境"入手。

与世界上其他大多数国家和地区相比，欧洲的"国家风险"不多，但中国企业不能高枕无忧。从希腊债务危机到西班牙银行危机，从伦敦地铁爆炸到法国和挪威的枪杀案，从意大利总理贝卢斯科尼的辞职到比利时历时一年多的"无政府"状态，从僵硬的劳动力市场到战斗力极强的工会组织，从"中国制造"遭遇的鄙视到一些欧洲人头脑中根深蒂固的"中国威胁论"，从俄罗斯经乌克兰进入欧洲的天然气管道被切断到接二连三的对华反倾销调查，从意大利的地震到冰岛的火山喷发……都是中国企业在投资欧洲时必须面对的"国家风险"。换言之，中国企业千万不要认为有强盛的祖国做"后盾"就可无视这些"国家风险"对直接投资产生的消极影响。

（二）如何确定最佳投资领域？根据约翰·邓宁的国际投资理论，对外直接投资的动机不外乎以下四种：寻求市场、寻求资源、寻求效率以及寻求战略资产。[1]中国企业"走出去"的动机基本符合邓宁的理论，但也有人认为，在上述四个动机中，最重要的是寻求资源，最不重要的是寻求效率（即利用国外的廉价劳动力），因为中国自身拥有大量廉价劳动力。[2]

众所周知，大多数欧洲国家的自然资源极为有限，但是欧洲拥有巨大的市场。2011年，欧盟27国拥有5亿人口，GDP总量高达17.6万亿美元，人均35152美元。[3]欧盟的多种科学技术在世界上处于领先地位。由此可见，中国投

---

[1] John H. Dunning, *Multinational Enterprises and the Global Economy*, Addison-Wesley, 1993.
[2] Titan Alon, Galina Hale and João Santos, "What Is China's Capital Seeking in a Global Environment?", http://www.frbsf.org/publications/economics/letter/2010/el2010-09.html.
[3] Economist Intelligence Unit, *European Union: Regional Overview*, December 2012, p.2.

资欧盟的目的应该是追求高额利润或扩大东道国市场份额。

投资领域的选择还应该服从欧盟的产业结构及其产业政策。在2011年欧盟的产业结构中，服务业占73.2%，工业占24.9%，农业占1.8%。[①] 由此可见，欧洲服务业和工业中的投资机遇大大多于农业领域。

2010年3月3日，欧盟委员会公布了指导未来十年欧盟发展的《欧洲2020战略》。这一战略的主要内容是：巧增长（smart growth）、可持续增长（sustainable growth）、包容性增长（inclusive growth）。巧增长的核心是推动科技创新，可持续增长的核心是发展低碳经济和加强环境保护，包容性增长的核心是强化社会凝聚力，通过扩大就业机会等手段来加快社会发展。由此可见，科技含量低、破坏环境、资源利用率低等的投资项目在欧洲是不受欢迎的。

为完善对外投资服务体系，进一步加强对中国企业"走出去"的引导，商务部会同国家发展和改革委员会及外交部，在2011年8月联合发布了《对外投资国别产业指引（2011版）》（以下简称《指引》）。该《指引》罗列了各国主要产业的发展目标及重点发展的区域产业。从这一长达302页的《指引》中可以看出，欧盟各国鼓励外国投资进入的领域很多，但大部分是技术含量高、有利于可持续发展、有助于发挥比较优势的产业。[②] 这是中国企业在投资欧洲时必须要注意的。

（三）如何塑造良好的企业形象？企业形象是企业的无形资本，因此，在一定程度上，企业形象的好坏会对企业本身的业务发展产生重大影响。不仅如此，在全球化和信息化时代，企业形象的优劣还会提升或贬损国家形象和软实力。因此，中国企业在投资欧洲的过程中，必须重视如何塑造良好的企业形象这个重大问题。

世界各地跨国公司的成功经验表明，为了塑造良好的企业形象，必须追求以下几个目标。一是要多多地承担社会责任。企业不仅要最大限度地雇用当地工人和技术员，而且还要主动保护当地的生态环境，积极参与当地公益事业，为当地的经济和社会发展作出贡献。二是要恪守诚信。企业必须把诚信融入企业精神和行为规范中，杜绝弄虚作假，禁止偷税漏税，摒弃见利忘义、唯利是

---

① https://www.cia.gov/library/publications/the-world-factbook/geos/ee.html.
② 《对外投资国别产业指引（2011版）》，http://hzs.mofcom.gov.cn/aarticle/zcfb/b/201109/20110907731140.html。

图和损害消费者利益等不道德行为。无论是企业的管理人员还是普通员工,都应该把诚信置于企业文化建设的核心地位。三是要严格遵守东道国的法律。欧洲人的法制观念强,在这样一种氛围中,企业不仅要深谙东道国的法律,而且要在行动上依法求生存,依法求发展,坚持公平竞争,坚决抵制商业贿赂。四是要最大限度地融入当地社会。除了与当地人民和谐相处以外,还要尊重当地的宗教文化和风俗习惯,并力求与当地的政府、社区、媒体和非政府组织搞好关系。

(四)能否尽早启动中欧投资保护协定的谈判?随着对外直接投资的扩大,与东道国签署双边投资保护协定的必要性会越来越明显。我国《十二五规划》指出,要加快完善对外投资法律法规制度,积极商签投资保护、避免双重征税等多双边协定。①

早在1982年3月29日,中国就与瑞典签署了双边投资保护协定。这是中欧之间的第一个双边投资保护协定。迄今为止,中国与25个欧盟成员国达成了此类协定(见表4)。

2009年12月1日生效的《里斯本条约》对《欧洲共同体条约》和《欧洲联盟条约》进行了修改,并将《欧洲共同体条约》改名为《欧洲联盟运行公约》。《里斯本条约》将双边投资保护协定等事项纳入欧盟的专属权力。这意味着,成员国不得与欧盟以外的任何国家签署双边投资协定,除非得到欧盟的授权。由此可见,双边投资保护协定的"欧洲化"趋势必然会对这些协定的执行产生重大影响。

依据《维也纳条约法公约》第30条第4款,双方当事人签订的条约不能被其中一方当事人与其他人签订的条约所取代。因此,在国际法范畴内,欧盟成员国与第三方签署的将近1200个双边投资保护协定(包括与中国签署的协定)不会自动消失,尽管与这些协定有关的欧盟成员国的利益与欧盟的整体利益并不完全吻合。诚然,如何应对这样的利益分歧是欧盟内部的事务,但在协调利益和博弈的过程中,包括中国在内的第三方利益难免会受到或大或小的影响。因此,中国必须密切关注欧盟成员国国际投资保护协定的"欧洲化"趋势。

此外,《里斯本条约》使欧盟在制定其对外政策时不仅要关注经济层面上的自由化,还要考虑非经济因素。不仅如此,根据《里斯本条约》的规定,

---

① http://politics.people.com.cn/GB/14163512.html.

欧盟理事会和欧洲议会都将审议与对外政策有关的法律文件,有关协定在生效之前必须得到欧洲议会的批准。这意味着,欧盟对外经济关系的"政治化"趋向也将更加明显。①

中欧双方在多个场合表示,应该尽早启动中欧投资协定谈判。② 2012年9月20日发表的《第十五次中欧领导人会晤联合新闻公报》重申,双方致力于尽早启动中欧投资协定谈判,促进和便利双向投资,创造增长和就业的新增长点。该协定的有关谈判将涉及双方各自关心的所有问题,不预判最终结果。双方同意加强技术层面的探讨,为未来谈判做准备。③

表4 中国与欧盟成员国签订双边投资保护协定一览

序号	国家	签署日期	生效日期	备注
1	瑞典	1982年3月29日	1982年3月29日	
		2004年9月27日	2004年9月27日	签字即生效
2	德国	1983年10月7日	1985年3月18日	
		2003年12月1日	2005年11月11日	重新签订,新协定取代旧协定
3	法国	1984年5月30日	1985年3月19日	
		2007年11月26日	2010年8月1日	重新签订
4	比利时与卢森堡	1984年6月4日	1986年10月5日	
		2005年6月6日	2009年12月1日	重新签订
5	芬兰	1984年9月4日	1986年1月26日	
		2004年11月15日	2006年11月15日	重新签订
6	意大利	1985年1月28日	1987年8月28日	
7	丹麦	1985年4月29日	1985年4月29日	
8	荷兰	1985年6月17日	1987年2月1日	
		2001年11月26日	2004年8月1日	重新签订
9	奥地利	1985年9月12日	1986年10月11日	
10	英国	1986年5月15日	1986年5月15日	
11	波兰	1988年6月7日	1989年1月8日	

---

① Anne Pollet-Fort, *Implications of the Lisbon Treaty on EU External Trade Policy*, Background Brief, No. 2, EU Center in Singapore, March 2010.
② 但也有学者认为,在必要时,中国或许可以考虑放弃与欧盟之间的双边投资保护协定的谈判,转而与欧盟内的主要成员国进行双边投资保护条约的谈判。(肖芳:《〈里斯本条约〉与欧盟成员国国际投资保护协定的欧洲化》,《欧洲研究》2011年第3期,第93~110页。)
③ http://news.xinhuanet.com/world/2012-09/21/c_123741988_3.htm.

续表

序号	国家	签署日期	生效日期	备注
12	保加利亚	1989年6月27日	1994年8月21日	
		2007年6月26日	2007年11月10日	附加议定书
13	匈牙利	1991年5月29日	1993年4月1日	
14	捷克和斯洛伐克	1991年12月4日	1992年12月1日	
15	斯洛伐克	2005年12月7日	2007年5月25日	附加议定书
16	葡萄牙	1992年2月3日	1992年12月1日	
		2005年12月9日	2008年7月26日	重新签订
17	西班牙	1992年2月6日	1993年5月1日	
		2005年11月24日	2008年7月1日	重新签订
18	希腊	1992年6月25日	1993年12月21日	
19	克罗地亚	1993年6月7日	1994年7月1日	将于2013年7月1日加入欧盟
20	爱沙尼亚	1993年9月2日	1994年6月1日	
21	斯洛文尼亚	1993年9月13日	1995年1月1日	
22	立陶宛	1993年11月8日	1994年6月1日	
23	罗马尼亚（新）	1994年7月12日	1995年9月1日	
	罗马尼亚	2007年4月16日	2008年9月1日	附加议定书
24	塞浦路斯	2001年1月17日	2002年4月29日	
25	马耳他	2009年2月22日	2009年4月1日	
26	爱尔兰			
27	拉脱维亚			

资料来源：商务部、国家发展和改革委员会、外交部：《对外投资国别产业指引（2011年版）》，http://hzs.mofcom.gov.cn/accessory/201109/1315379855245.pdf。

（五）能否鼓励更多的民营企业投资欧盟。改革开放之前，中国的所有制结构是全民所有制和集体所有制构成的单一公有制。改革开放后，原有的单一公有制结构逐步被多元的所有制结构所取代，形成了以公有制经济为主体、多种所有制经济共同发展的新格局。[①]

中国政府鼓励民营企业"走出去"的决心是强大的。例如，2010年出台的《国务院关于鼓励和引导民间投资健康发展的若干意见》为"鼓励和引导

[①] 中国共产党十六届三中全会通过的《中共中央关于完善社会主义市场经济体制若干问题的决定》提出，要积极推行公有制的多种有效实现形式，大力发展国有资本、集体资本和非公有制资本等参股的混合所有制经济，大力发展和积极引导非公有制经济。

民营企业积极参与国际竞争"而提出了3个"支持":支持民营企业在研发、生产、营销等方面开展国际化经营,开发战略资源,建立国际销售网络;支持民营企业利用自有品牌、自主知识产权和自主营销,开拓国际市场,加快培育跨国企业和国际知名品牌;支持民营企业之间、民营企业与国有企业之间组成联合体,发挥各自优势,共同开展多种形式的境外投资。①

2012年6月29日,国家发展和改革委员会会同外交部、工业和信息化部、财政部、商务部、中国人民银行、海关总署、国家外汇管理局等13个部门联合发布了《关于鼓励和引导民营企业积极开展境外投资的实施意见》(以下简称《实施意见》)。该《实施意见》从大力加强宏观指导、切实完善政策支持、简化和规范境外投资管理、全面做好服务保障和加强风险防范、保障人员资产安全等方面提出了18条措施:加强规划指导和统筹协调;做好境外投资的投向引导;促进企业提高自主决策水平;指导民营企业规范境外经营行为;落实和完善财税支持政策;加大金融保险支持力度;深化海关通关制度改革;健全境外投资法规制度;简化和改善境外投资管理;改进和完善外汇管理政策;提升经济外交服务水平;健全多双边投资保障机制;提高境外投资通关服务水平;全面提升信息和中介等服务;引导民营企业实施商标国际化战略;健全境外企业管理机制;完善重大风险防范机制;强化境外人员和财产安全保障。②

三一重工、吉利汽车和华为等民营企业在欧洲有大量投资,并已取得良好的业绩。但是,他们的成功并不意味着中国民营企业已成功地"走出去"。截至2011年末,中国对外直接投资企业已达13500家,其中有限责任公司8136家,占60.4%,国有企业1495家,占11.1%,民营企业仅为1120家,占总数的8.3%,股份有限公司1036家,占7.7%。③ 由此可见,在"走出去"战略中,民营企业的作用有待加强。

事实上,鼓励民营企业扩大投资欧盟的力度可以达到以下"一箭三雕"的目的:一是有助于弱化一些欧洲人对中国国家资本和国有企业进军欧洲的戒备心理,二是有助于民营企业发挥其机制灵活、反应迅速的特点,更好地开发

---

① http://www.gov.cn/zwgk/2010-05/13/content_1605218.htm.
② http://politics.people.com.cn/n/2012/0704/c70731-18439357-1.html.
③ 商务部、国家统计局、国家外汇管理局:《2011年度中国对外直接投资统计公报》,第24页。

欧盟的"两个市场、两种资源",三是有助于民营企业在国际经济舞台上开拓更为宽广的天地。

五 结束语

加快"走出去"步伐、引导各类所有制企业有序开展境外投资合作,已成为中国改革开放战略的重要组成部分。作为世界上最大的经济体,欧盟将继续成为中国对外直接投资"青睐"的重要场所。

中国在欧盟的投资具有以下特点:投资规模快速扩大、投资领域分布广、卢森堡已成为中国对欧盟直接投资的主要场所。

中国在欧盟的投资弥补了东道国的资金需求,为东道国创造了大量就业机会,提升了东道国资产的价格,有利于推动东道国的生产力发展,也有利于东道国企业扩大其市场份额。当然,中国在欧盟的投资也是有利于中国的。这一有利之处主要包括以下几个方面:一是有利于昭示中国的经济实力,二是有利于中国获得欧洲的先进技术,三是有利于实现外汇储备资产的多元化,四是有利于减缓欧盟对中欧贸易失衡的不满。由此可见,中国投资欧盟是一种"双赢"。

中国投资欧盟的前景是美好的。为了使这一美好的前景成为现实,今后中国在投资欧盟的过程中,必须进一步关注以下几个问题:如何提防"国家风险",如何确定投资领域,如何塑造良好的企业形象,能否尽早启动中欧投资保护协定的谈判,能否鼓励更多的民营企业投资欧盟。

关于中国对欧盟投资制约因素的研究

姚 铃[*]

国际金融危机以来，中国对欧盟投资实现快速增长。2009~2011年，中国企业对欧盟直接投资同比增幅分别达到5.35倍、1倍和26.8%，增速居中国对发达经济体投资之首，项目并购更为引人注目。根据普华永道提供的数据，2011年中国企业在欧洲地区的并购数量达到44宗，比2010年25宗增加76%。截至2011年末，中国在欧盟投资存量达203亿美元，欧盟已是仅次于中国香港和东盟的中国第三大境外投资目的地。中国企业对欧盟投资金额和数量屡创新高，影响力不断提升。2012年以来，山东重工收购全球豪华游艇巨头意大利法拉帝集团75%的控股权，三一重工收购德国普茨迈斯特，广西柳工收购波兰企业HSW工程机械事业部，以及国家电网收购葡萄牙国家能源网公司25%的股份等项目的达成，显示中国企业对欧盟投资的热度仍在持续上升。

本文依据投资诱发要素组合理论，就中国进一步扩大对欧盟投资面临的制约因素进行深入探讨，并提出相关建议。

一 理论依据

在跨国直接投资领域，研究决定一国对外直接投资比较有影响的理论主要包括美国学者海默的"垄断优势论"和英国经济学家邓宁的"国际生产折中理论"。这两大理论，前者立足古典经济学的市场不完全性，结合二战后美国制造业开展境外直接投资所具备的特定优势阐述企业的对外投资行为，后者则比较系统地从跨国公司国际生产的角度阐述企业的对外投资行为。而20世纪

---

[*] 中国商务部国际贸易经济合作研究院副研究员。

80年代以来，随着发展中国家和新兴工业化国家在跨国直接投资领域的兴起，以及跨国公司对全球政治、经济影响的日益增大，跨国直接投资理论不断丰富完善。投资诱发要素组合理论即是在这种背景下诞生的重要理论之一。其研究重点在于分析投资国和东道国生产要素以及双方的政策和环境要素对一国对外直接投资行为的影响，理论和现实的结合更为紧密。

根据投资诱发要素组合理论，任何类型的对外投资都是直接诱发要素和间接诱发要素组合作用的结果。直接投资诱发因素主要包括劳动力、技术、资金、管理及信息等与生产要素相关的因素。而间接投资诱发要素是指生产要素之外的政策和环境要素，包括三方面：一是投资国的鼓励性投资政策、法规等或与东道国的协议和合作关系；二是投资东道国的软、硬环境；三是世界经济形势等外部环境。

按照西方观点，欧盟政局稳定、社会安定，经济开放程度高，法律制度完备，投资环境成熟，中国企业对欧投资风险相对较小。但是根据我们近两年来的跟踪研究，中国对欧投资事实上面临一系列内外部因素的制约，同时由于市场的多样性，更增添了中国对欧投资的复杂性。

二 源于直接投资诱发要素的制约因素

从直接投资诱发要素的角度看，随着工业化水平的不断提高，中国已经具备对欧投资的必要条件。经过改革开放30多年的发展和积累，中国已基本完成工业化进程，形成了覆盖所有工业部门的完整产业链。根据美国波士顿经济研究和咨询公司 IHS Global Insight 发表的研究报告，中国 2010 年首次超过美国，跃居全球制造业第一大国。在基础工业领域，中国的粗钢、水泥、电解铝、精炼铜、煤炭、化肥、化纤、玻璃等产品的产量稳居世界第一；在工业制成品领域，中国的汽车、船舶、工程机械、计算机、彩电、冰箱、空调、手机、洗衣机、微波炉、数码相机及其他许多产品产量也居世界首位。从技术角度来说，相较于欧盟，无论是优势产业还是劣势产业，中国制造已经具备较强的对外投资能力。

另一方面，从源于直接投资诱发要素的制约因素看，中国企业在技术水平、资金实力及管理水平方面与欧盟企业存在较大差距。可以预见在今后相当长的时期内，中国企业对欧盟投资要持学习和合作的态度，通盘考虑投资方式、投资主体、投资区域和投资产业，寻找企业长远发展与当地社会期望值的契合点。在获取先进生产技术、管理理念和市场的同时，必须努力实现与欧盟企业的合作共赢，才能提升中国企业竞争力及实现全球投资布局。

（一）中国工业化水平在技术和创新方面的差距

根据《联合国 2011 年工业发展报告》，就增加值和出口值而言，中国制造业分别位列世界第二和第一；中国工业体系不仅拥有国际标准行业分类的全部 22 个行业，而且在近年来全球增长最快的 5 大行业——办公和计算设备，收音机、电视和通信设备，电子机械和设备，其他交通运输设备和基本金属行业，中国也是主要生产国。但如果从影响企业对外投资的生产要素来看，不难发现当前中国企业的工业化技术水平和决定技术水平的关键因素与欧盟企业相比仍存差距，主要表现在：

第一，制造业在高端技术层面落后欧美国家，对外依赖程度较高。一方面，中国制造业产出虽居世界第一位，但核心设备和零部件主要来自进口。根据美国研究机构 IHS 提供的数据，2010 年，中国全社会固定资产投资中，2/3 的设备投资依靠进口，其中，光纤制造设备进口依赖度达 100%，集成电路芯片制造设备进口依赖度为 85%，石油化工装备为 80%，轿车、数控机床、纺织机械、胶印设备约为 70%。另一方面，在从事高端制造业的企业数量上，欧盟有 5 万家，其中德国、英国、意大利和法国企业合计占 55%，仅意大利企业就达 7379 家；从中高端产品制造业增加值占 GDP 的比重看，2009 年德国、法国、英国和爱尔兰分别为 58.8%、47.8%、41.5% 和 51.3%，中国仅为 40.7%。[①]

第二，整体研发投入虽接近欧盟平均水平，但基础研究投入不足。主要表现在：一是总量指标虽接近欧盟平均水平，但与欧盟发达成员国相比还有不小差距。中国研发投入占 GDP 的比重 2010 年升至 1.75%，同期欧盟为 2%；但与此同时，北欧国家芬兰、瑞典和丹麦研发投入占比均超过 3%，而德国、法国、斯洛文尼亚和奥地利的研发投入也高于整体水平。二是基础研究投入水平仍处低位。2009 年，中国基础研究投入占 GDP 的比重上升到 0.39%，同期欧盟国家平均水平超过 0.5%。基础研究既是新知识、新发明的源泉，更是国家

---

① 《联合国 2011 年工业发展报告》，联合国工业发展署。

科技发展和竞争力提升的重要基础。基础研究投入不足，使具有原创性和长远意义的研发活动难有突破。

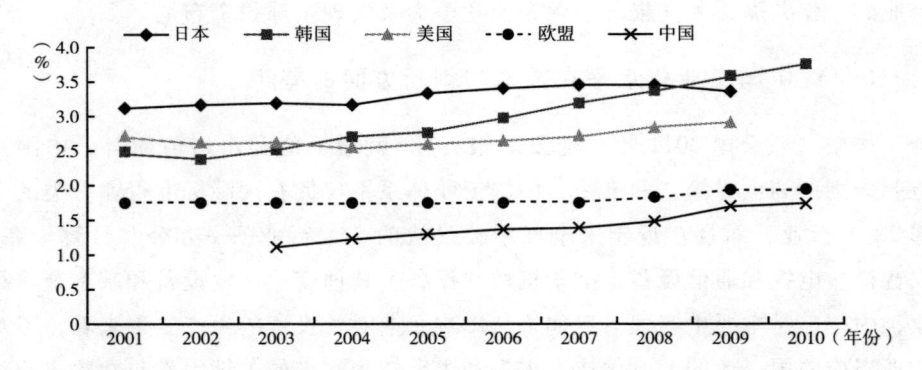

图1　2001~2010年欧盟、美国、中国等研发投入占GDP的比重

资料来源：欧盟统计局，经济合作组织。

第三，中国制造业创新活动和专利申请水平相较欧盟差距较大。企业创新活动、专利申请数量等均是衡量一国制造业生产力和竞争力的重要指标。中国虽然是制造业大国，但还不是创新大国。从创新活动情况看，欧盟有51.6%的企业致力于技术和非技术创新，包括提高组织运营效率、加强市场营销力度、改善产品和服务质量、扩大产品和服务的市场占有率。其中德国79%的企业专注创新，爱尔兰也达到56.5%，而中国这一比重不足30%。从专利申请数量看，德国、法国、英国和意大利企业提交的专利居于欧盟领先水平。根据欧盟专利局的报告，2009年四国提交的专利数量分别为24152件、8645件、5138件和4921件；中国为3071件；在世界范围内，美国、日本和韩国专利申请数量分别为26158件、19291件和4272件。

表1　世界主要国家专利申请数量

年　份	2004	2009
欧　盟	54973	57864
比利时	1511	1544
保加利亚	18	9
捷　克	112	236
丹　麦	1092	1337
德　国	22997	24152

续表

年　份	2004	2009
爱沙尼亚	9	44
爱　尔　兰	267	345
希　　腊	66	119
西　班　牙	1209	1446
法　　国	8299	8645
意　大　利	4575	4921
塞浦路斯	6	8
拉脱维亚	10	20
立　陶　宛	11	14
卢　森　堡	115	76
匈　牙　利	153	215
马　耳　他	6	6
荷　　兰	3639	2959
奥　地　利	1440	1825
波　　兰	124	260
葡　萄　牙	58	152
罗马尼亚	23	38
斯洛文尼亚	113	126
斯洛伐克	21	48
芬　　兰	1369	1149
瑞　　典	2195	3073
英　　国	5535	5138
美　　国	34645	26158
中　　国	980	3071
日　　本	22795	19291
韩　　国	4439	4272

资料来源：欧盟统计局。

第四，研发以企业为主体，高校教育学术机构研发人员相对较少。据双方相关统计，2010 年，欧盟研发人员数量为 248.7 万人，其中企业研发人员占 51.5%，政府研发人员占 14.1%，高校研发人员占 33.3%；而中国研发人员数量为 196.5 万，其中企业研发人员占 71.0%，政府和高校研发人员则分别占 15.4% 和 13.6%。从企业研发的情况看，中国企业研发投入占全国研发总投入的比重 2011 年升至 71.1%，接近发达国家标准，但大多数企业投入的研发资金主要用于对现有产品和技术的完善,而不是新产品的开发,创新能力受到限制。

(二) 中国企业在国际化经营能力方面的差距

中国企业凭借长期积累,已经具备在欧盟开展投资并购的实力。近年来,中国企业与欧盟企业在跨国并购领域表现迥异。根据联合国报告,① 欧盟企业跨国并购金额占全球并购总额的比重2005年高达52.6%,但2011年仅为22.3%;同期中国企业跨国并购金额大幅增长,占全球的比重从2005年的0.8%上升到2011年的6.5%。国际金融危机尤其是欧债危机爆发以来,欧洲成为中国企业海外投资并购的重要目的地。瑞典、法国、德国、波兰、意大利、葡萄牙和希腊等欧盟国家不少私营企业甚至一些国有企业陷入困境,给中国企业提供了较好的机遇。

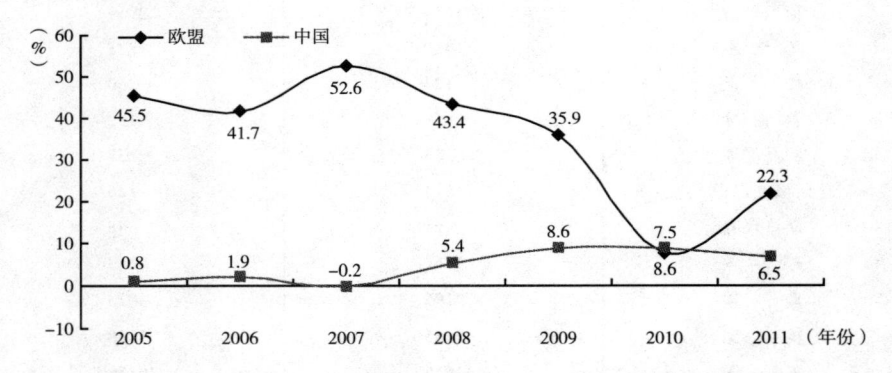

图2 2005~2011年欧盟与中国并购占世界比重的对比

资料来源:《2012年世界投资报告》,联合国贸发会议。

另一方面,相较欧盟跨国公司,中国企业在国际化经营能力方面还处于明显劣势。一是中国真正意义上的跨国公司数量较少。按照国际投资理论,一般而言,一家企业的海外营业收入超过企业总收入的30%,该企业可以被认定为跨国公司。根据中国企业联合会发布的数据,2011年中国500强企业海外营业收入占总收入的比重仅14.1%,其中比重超过30%的企业仅25家。二是大型跨国并购尚处起步阶段。从联合国贸发会议提供的跨国大项目并购情况

---

① 《2012年世界投资报告》,联合国贸发会议。

看，2011年在全球61个交易金额超过30亿美元的项目中，欧盟企业占据22个，中国企业则仅占2个。三是对发达市场投资经验仍然欠缺。自"走出去"战略实施以来，中国企业对外直接投资主要集中在周边国家和地区以及资源丰富的澳大利亚和非洲等地，其中大多是发展中国家市场，而对欧盟等发达国家的投资则发展相对缓慢。

（三）中国企业在掌握市场信息能力方面的不足

中国企业开展大规模海外投资的时间较短，普遍经验不足，这也是赴欧盟投资的大多数中国企业面临的直接制约因素。特别是目前欧洲国家专门面向中国企业的投资网站较少，为中国企业提供政策咨询服务的投资机构不多，中国企业了解当地市场的渠道有限。由于无法及时掌握投资东道国的相关投资政策、信息变化以及当地急需的投资项目，企业往往觉得在欧洲国家投资无门；遇到市场变化时，往往缺乏应对能力，甚至影响企业在当地的经营。如中国节能集团太阳能科技有限公司就反映意大利的新能源补贴政策变化非常大，特别是对太阳能补贴政策设定了限额，而中国企业对政策信息变化后知后觉，导致投资风险增大。

此外，中国企业在欧盟当地没有建立营销网络，或者未聘请熟悉情况的咨询公司或律师等，也在一定程度上造成较大风险。如2002年，中国家电企业TCL收购德国施耐德电子公司，希望借此打入德国市场及欧盟市场。但由于对德国市场、当地产业和劳工法律调研不充分，低估了相关商业风险，最终因人工成本过高、产品利润过低导致持续亏损而不得不关闭所收购企业，蒙受了较大损失。2004年，TCL与法国汤姆逊公司达成彩电业务并购重组协议。但该公司由于未重视对欧洲业务整合与裁员过程中的商业成本，在聘用符合自身业务发展所需的人才方面付出了巨额的安置费用，从而导致此后3年间合资公司因亏损高达40亿欧元而被迫于2007年4月申请破产清算。

三 源于间接投资诱发要素的制约因素

从间接诱发要素的角度看，中国对欧盟投资的有利条件主要包括：一是中国经济已经进入对外直接投资的快速发展期。特别是自2001年以来，中国政府将扩大对外直接投资提升到国家战略层面，对外直接投资已成为中国经济和企业自身发展的内在需求。二是对欧投资成为深化中欧全面战略伙伴关系的重要内涵。近年来，随着中欧全面战略伙伴关系的持续发展，双边经贸合作领域不断扩大、水平不断提高。但与双边贸易及欧盟对华投资相比，中国企业对欧投资规模还相对较小。积极扩大对欧投资，通过扩大对欧投资弥补双边经贸合作短板并为其注入新的活力，不仅有利于中国企业深入开拓欧盟市场，也将有助于中国企业更加主动地学习借鉴欧盟国家的先进技术和管理经验，推动双边合作平衡发展，以进一步密切双方经贸关系、拉紧双方利益纽带，为新时期中欧全面战略伙伴关系增添新的内涵。三是欧盟经济处于深度调整期，特别是欧债危机持续发酵，各成员国被迫实施紧缩政策，导致增长减速、失业率攀升。为推动经济复苏、创造更多就业岗位，欧盟及成员国政府总体上对外来投资的态度较为友善，中国企业对欧投资面临较好机遇。四是中欧有望推进整体双边投资协定谈判，同时中国与 26 个欧盟成员国签署了双边投资保护协定，为中国企业对欧投资提供了较好的法律和制度保障。

但与此同时，研究也发现，在对欧盟投资的所有国家和地区中，中国受到的限制最多。中国企业对欧盟投资主要面临两方面间接投资诱发要素的制约：一方面是来自欧盟层面的制约，包括欧盟贸易政策方面的变化、投资政策方面的限制、欧元区主权债务危机带来的不确定因素、部分舆论的偏见甚至"抹黑"等问题；另一方面是来自欧盟各成员国层面的制约，包括对非欧盟成员国人员流动的限制、投资审批、反垄断和安全审查等问题，不少规定具有歧视性。

（一）来自欧盟层面的制约因素

1. 多双边制度安排的缺失使中国对欧投资在法律层面遭到歧视

这一歧视主要包括两个方面。

第一，中欧双边投资安排仍有待完善。根据《里斯本条约》的规定，欧盟将外国直接投资（FDI）政策正式纳入共同贸易政策范畴，使之成为欧盟专属权限，将与非欧盟的第三国签订投资协定的权力收归欧盟，由欧盟委员会代表欧盟同第三国进行新的双边投资协定谈判。同时，考虑到历史和现实因素，欧盟制定了一些过渡性安排，允许成员国与非欧盟第三国已生效的双边投资协定在一定期限内继续存在并可根据需要进行修订。

具体到中欧投资保护的制度安排，一是中国与欧盟 27 个成员国中的 26 个已签署双边投资保护协定（爱尔兰尚未签署），且仍然有效。但由于历史原因，协定侧重于对对方国家来华直接投资的保护和促进，涉及中国企业对欧盟投资的内容相对较少，随着中国企业对欧盟投资的迅速增加，原有协定已不能适应现实的需要。二是中国与欧盟虽就商签双边投资协定达成共识，但有关谈判仍在准备之中，尚未启动。考虑到中、欧市场开放程度等方面的差异以及双方期待的不同，最终签署协定有赖双方的共同努力。

第二，全球尚未形成统一的投资制度。众所周知，在世界贸易组织框架内，全球性货物贸易已经基本实现自由化，服务贸易开放也取得较大进展。但在跨国投资领域，由于其是在其他国家或地区边境内部开展经济活动，涉及实体国家或地区的经济主权和经济安全，同时由于发达经济体和发展中经济体无法在投资市场开放和放松管制方面达成共识，因而至今在全球范围内仍然没有建立统一的多边投资安排，以推进投资自由化。这也使相关经济体得以依靠国内法，根据自身需要对外来投资进行管理或限制。

从欧盟情况看，其在现行的诸多条约、对外签署的国际协定中，都明确指出对来自非欧盟成员的投资和相关人员流动不能享受成员国的待遇。即所有来自欧盟和欧洲自贸联盟（冰岛、瑞士、挪威、列支敦士登）之外的外国投资，都在准入前国民待遇上受到一定程度的限制。而与欧盟或欧盟成员国签署了自由贸易协定的国家，在一定程度上享受到仅次于欧盟成员国的市场准入待遇。考虑到当前除中国、俄罗斯外，欧盟已将其他主要贸易伙伴纳入自贸区战略范畴内，因而在未来相当长时期内，欧盟针对来自非欧盟成员国直接投资的限制，其主要对象很可能只有中国。

2. 欧盟经济增长的不确定性影响中国企业投资的决心和信心

当前欧盟仍深陷主权债务危机，经济处于衰退边缘，增长充满不确定因素。国际货币基金组织认为欧债危机是目前世界经济最大的风险因素。短时间内，欧元区危机成员国经济实现复苏、核心成员国重回增长轨道，前景并不明朗。

一是主权债务危机风险仍在。欧债危机爆发3年来，欧盟虽然从金融救援和改善经济治理等方面采取了诸多措施，缓解了危机国的偿付性危机，初步遏制了危机扩散的势头，在推进财政联盟建设方面取得了进展，但当前欧盟国家政府债务比率仍在上升，危机国家状况并未明显改善，尤其西班牙银行业危机警报仍未解除。

二是经济复苏前景难言乐观。2012年，欧盟经济将自金融危机以来再陷衰退。至2012年第二季度，核心成员国中，德国经济增幅走低，法国经济已连续3个季度停滞；债务危机国中，希腊已连续5年衰退，经济总量萎缩超过1/4，西班牙、意大利等则深陷衰退而不能自拔。目前欧盟经济最大的问题是增长的内生动力不足，至2012年第二季度，其私人消费已连续3个季度、固定资产投资已连续4个季度萎缩，出口成为经济为数不多的支撑。由于欧盟绝大多数国家为应对债务危机而被迫在未来3~5年实施财政紧缩计划，同时世界经济放缓势头明显，欧盟经济恢复增长潜力面临不小压力。

三是失业率持续攀升。2012年9月，欧盟和欧元区失业率分别达到10.6%和11.6%，再创历史新高，其中西班牙的失业率已经升至25.8%，希腊亦高达25.1%。青年失业问题日益严重，欧盟和欧元区分别高达22.8%和23.3%，其中西班牙和希腊分别达到54.2%和55.6%。严峻的失业问题不仅阻碍欧盟改善财政和公共债务状况的努力，同时也给经济复苏潜力带来制约。

3. 欧盟复杂心态及制度差异给中国企业对欧投资造成新障碍

第一，欧盟强调中方所谓"不公平竞争"，对华经贸政策趋向强硬。为尽快摆脱危机、实现经济增长，欧盟日益重视开拓国际市场，经贸政策重点转向"公平竞争"。2010年11月，欧盟公布新的5年贸易政策文件，进一步突出了其对华经贸政策"强硬"的一面。该文件把要求中国扩大市场开放、减少准入障碍作为未来贸易政策的重点目标，其中特别强调"公平竞争"问题，提出"对等开放市场"的观点。与此同时，中国欧盟商会自欧债危机以来连续3年在其发布的年度《欧盟企业在华建议书》中将在华平等市场准入问题列为欧盟企业关注的首要问题，甚至将知识产权保护、政府采购、与中国国有企业竞争等均视为造成欧盟企业在全球市场处于劣势的重要原因。中国企业对欧投资所面临的经贸政策环境存在较大不确定性。

第二，欧盟部分政界人士和民众对中国资本心存疑虑。欧债危机发生后，对于来自中国的资金，欧盟及其成员国心态复杂。一方面，中国企业的投资有助于欧盟国家摆脱危机、创造就业，欧盟国家总体上持欢迎态度；另一方面，其又担心中国企业通过投资并购获取发展所需的核心技术、品牌和国际化经验，使欧盟企业在国际市场丧失领军地位，沦为二流。近年来，受舆论渲染中国所谓"不公平竞争"以及因中国和欧盟经济实力彼消此长所导致的不适应情绪影响，欧盟内部出现"中国投资威胁论"，主张对华强硬、有关在欧盟层面设立统一投资审查制度等的呼声有所升高。包括法国、意大利等在内的多个欧盟成员国纷纷成立相关机构，以加强对核心产业的监督，如法国涉及汽车、航空航天、海军、铁路运输、奢侈品、消费、科技、医疗和可再生能源等行业，意大利则涉及能源、电信、科技、防务和食品等行业。从冰岛土地收购案、光明食品集团并购法国酸奶制造商 Yoplait、三一重工收购德国机械巨头普茨迈斯特等的情况都反映出，中国对欧盟并购所面临的阻挠逐渐增多。在对投资欧盟的企业进行走访中，一位中国企业的高管不无感慨地说："欧洲国家但凡在国有企业私有化过程中能找到其他融资来源，来自中国的资本都会被拒之门外。"

第三，中国国有企业并购欧盟项目通常遭遇更为严格的审查。欧盟 90%以上的企业是中小企业，国有企业数量虽然不多，但规模庞大。据联合国统计，在全球 653 家国营跨国公司中，欧盟占 34.2%。[①] 在欧盟，国有企业多数分布在有关国计民生的战略性产业，如电信、邮政、能源和交通等行业。而在丹麦、法国和意大利等国，国民经济相当部分由国有企业经营，这些企业的价格、投资计划以及就业率对国家的宏观经济政策产生重要影响。正是基于欧盟国有企业的性质，为保护国内核心产业的竞争力和防止不公平竞争，欧盟对来自外国国有企业的投资并购态度谨慎，通常需进行相关的反垄断和经济安全审查。特别是对于中国国有企业，由于对中国国有企业制度的不了解甚至政治偏见，相关审查往往更加严格。在反垄断审查的实践中，欧盟至今仍认为中国国有企业之间有共同的控制人，将所有中国国有企业视为利益关联方，要求接受审查的企业证明自身"具有独立的决策权，能独立实施自己的商业计划、预算、战略，不受其他国有企业的影响"等，从而增加了审查的复杂性和投资成本。

（二）来自欧盟成员国的制约因素

从欧盟的投资软环境来看，其虽实行统一的贸易政策，但至今尚未形成统一的投资政策，27 个成员国由于发展水平、社会文化等方方面面的差异，投资环境也呈现复杂而多样的特性。

第一，欧盟成员国之间经济发展水平历来存在差异，对待外资的态度也各不相同。中欧、西欧和北欧较为发达，通常支持自由贸易；南欧和东欧相对滞后，贸易保护主义情绪较为浓厚。国际金融危机和欧元区主权债务危机的发

---

① 数据引自《2011 年世界投资报告》，联合国贸发会议。

生,进一步加剧了欧盟内部地区发展的不平衡。与德国、英国和荷兰等国外资政策透明度较高、限制外商投资行业较少相比,意大利和法国则对外国投资者限制较多。如意大利严格限制外资进入国防工业、飞机制造、石油天然气资源勘探开发、国内航空业和海运业等行业;对外资进入广播影视业、海洋渔业、铁路运输、邮政、博彩、水资源开发与管理、城市垃圾处理等行业也有较多限制;对外国企业在意大利经营存在本地化限制,一般均有人员、股份等多方面的限制。中国企业在欧投资需要面对不同成员国各不相同的政治和经济形势,投资决策和市场开拓的难度大为增加。

第二,欧盟成员国在民族、语言、文化、风俗等方面具有多样性。中国企业对欧投资,往往缺少懂当地语言、了解当地社会文化的跨国经营人才,在理解当地文化习俗、适应当地社会方面难度较大,而融入当地社会难度更大。例如,在中国,企业员工上下班打卡是通常的管理方式,而在意大利则被视为对员工的侮辱;在中国,企业员工加班是再正常不过的事,而在意大利则被视为管理低下的表现。这些企业文化的差异,如果沟通得当,并非大事;但如应对不当,则容易引发矛盾,使投资项目陷入不利境地。21世纪初,在西班牙发生的当地民众火烧中国鞋城事件,则是极端案例。在西班牙埃尔切投资的中国制鞋企业,由于对所处营商环境了解不深,按照当时在中国国内的经营方式,一味低价竞争,抢占当地市场、挤占当地工人就业岗位,同时也不注意履行社会责任,从而导致矛盾激化,教训非常深刻。

第三,欧盟社会福利制度健全,劳工和环境保护水平较高,产品技术和安全标准严格。从中国企业反映的情况看,比较共性的问题,一是人力成本较高。如意大利、比利时的人员工资标准为36000欧元/年,对于中国企业是不小的负担。二是欧盟对本地劳工市场的严格保护导致中方人员申请工作签证难度较大。签证、工作准证和入境歧视是中资企业赴欧盟投资中遭遇的最普遍障碍,严重影响了中资企业尤其是中小企业在欧盟的投资经营。如意大利的签证(包括商务签证、工作签证等)办理时间较长、手续烦琐,整个过程环节多,且居留期限到期时申请延长居住需重复上述手续过程,给长期在意大利工作的中国经商人员带来不小麻烦。三是欧盟工会力量强大,在很多情况下成为外来企业投资并购的政治障碍。在多数欧盟国家,由于工会组织发达,罢工现象频繁,企业投资经营活动受到较大影响。例如欧债危机爆发后,为减少债务负担,欧盟要求包括意大利、西班牙、葡萄牙、爱尔兰和希腊在内的危机国家加快国有企业私有化进程。以意大利为例，其国有资产中，油气公司、公路和邮政服务具有较高的出售价值，然而这些产业的工会势力同样比较强大。为避免因私有化产生失业问题，工会对任何私有化计划都极力阻挠，即使来自欧盟内部的并购者也经常因此而面临项目难产。

四　中国对欧盟投资建议

欧债危机爆发至今逾3年。从市场的反映和对欧元区的冲击情况看，危机最困难的时期已经过去，但包括债务危机国在内的欧元区乃至欧盟经济走出危机还需时日，相关成员国对外资的渴求仍然强烈。与此同时，从进一步深化中欧全面战略伙伴关系的角度看，中国有必要抓住当前机遇，加强与成员国及欧盟的合作，统筹规划、扩大投资，以实现互利共赢、共同发展。

（一）政府层面

一是加强双边投资合作制度建设。推进新商签的投资协定涵盖投资自由化内容；抓紧完成加入世界贸易组织以来中方同欧盟国家修订双边投资保护协定的进程，将中欧投资保护协定的内容纳入中欧伙伴协定谈判，争取在新的欧盟共同投资政策形成前，为中国企业投资欧盟提供较为全面、完备的法律保障；加快与欧盟国家商签避免双重征税协定，减轻中国投资欧盟企业的税务负担。继续通过高层互访，以及中欧领导人峰会、经贸高层对话和经贸联委会等机制，推动中国企业对欧盟重大项目投资、解决制约中方对欧投资的相关问题。

从中意合作的角度看，在欧盟《里斯本条约》授权的范围内，加快推进与意大利投资保护协定修订工作，从法律层面强化对中国企业赴意大利投资的对等保护。

二是开展投资促进机构间的合作。加强面向企业的投资信息服务。制作双语投资国别指南，更加完整地提供相关国家的整体投资环境（地理条件、基础设施、政治条件、经济状况和文化氛围），特别是要将重点放在提供翔实、准确、及时的欧盟市场投资信息等方面，包括法律、税务、资信调查等方面的信息和商业性咨询服务；按照国别推进与区域推进并重的原则，协助企业了解欧盟国家的投资环境和重点项目信息。

考虑到欧盟国家语言的多样性，各国投资促进机构有必要建立中文投资信息网站，或与中国投资促进机构共建经贸合作网站，以便利中国企业了解信息、更有针对性地开展对欧盟国家的投资。

三是欧盟应减少对外来投资的限制。尤其应放开行业准入，改善针对非欧盟国家的国民待遇歧视和市场准入限制。投资自由化是未来国际投资发展的主要方向。在当前欧债危机尚未解决的大背景下，欧洲国家对包括中国资金在内的外来投资寄予较大期望。但实际情况是，欧盟在政策上对非欧盟国家，尤其是中国，无论从国别还是行业的角度，均实行了比欧盟国家多得多的各项限制措施。当前欧盟尚未制定统一的投资政策，因此各成员国都有义务大力推进市场化改革，尤其是发生债务危机的国家，改善国内要素市场结构特别是劳动力市场结构，进一步开放资本市场、引导投资活动流向实体经济和激励企业家创新。这也将为下一个经济周期重拾竞争力奠定坚实基础。

（二）中介层面

中介层面，要加强与成员国金融机构合作，推动更多私募股权基金或产业基金成立，为双方企业投资提供多样化融资渠道。中资银行目前在欧盟境内开展金融业务并不活跃，中国企业在当地开展实业投资经常因融资需求得不到满足而导致机会流失。如吉利汽车收购瑞典沃尔沃项目，由于难以从国内银行获取贷款，前期 18 亿美元融资中的 16 亿美元全部来源于外方，包括瑞典政府和比利时政府以及有关金融机构，企业为此被迫承担了高额利息负担。从发达经济体的情况看，企业海外投资积累到一定规模，都将带动本国金融机构同步跟进。为支持中国企业扩大对欧盟的直接投资，中国金融机构有必要加快在欧盟投资布局的步伐，一方面为中国企业提供更为便利的融资服务，另一方面也将进一步拓展业务空间。

与此同时，考虑到欧盟金融行业监管及各成员国金融行业开放程度的不同，可以通过成立产业基金或者私募基金，利用国外投行成熟经验，为企业提供更快更便捷的融资渠道。如意大利曼达林基金就是一个成功的合作典范。其主要投资人是中国国家开发银行和进出口银行，以及意大利第二大银行和欧洲最大银行之一的 Intesa Sanpaolo S. p. A. 银行。通过分担股权，不仅企业重组面临的资本压力大为缓解，而且正因为有当地背景投资人的参与，中联重科与 CIFA 在整合过程中所需面对的文化和理念冲突仅在并购之后的三年内就得到了很好的解决。2012 年，三一重工成功并购德国机械行业巨头普茨迈斯特，产业基金同样也发挥了一定的作用。合作基金的形式在未来企业对欧盟国家投资特别是开展并购方面将发挥日益重要的作用。

(三) 在企业层面

中国企业投资欧盟,有必要考虑自身业务发展需求,并结合当地市场特点,大力推进本土化,以最大限度地降低投资过程中遇到的诸如"国际经营能力欠缺"等内部性障碍,同时减少来自因为无法适应欧盟成员国民族、语言、文化、风俗等方面的多样性而导致的外部性障碍。具体而言,主要有三个方面的建议。

一是需要立足企业的自身发展。按照国际贸易与国际投资融合的理论,贸易是投资的先期阶段,可以为企业提供后期投资市场的一切数据,包括消费者偏好、消费水平和消费能力。经过上述积淀,当时机合适时,企业投资欧盟就能做到水到渠成,减少盲目性,降低投资风险。从中国企业对欧投资案例看,成功的投资往往建立在通过进出口贸易等对欧盟相关市场了解的基础上,当贸易达到一定规模,对欧盟投资将提上议事日程。如2001年6月,海尔通过收购意大利迈尼盖蒂冰箱厂开启了其在意大利的投资进程。海尔在意大利投资严格遵循三位一体的投资策略:首先根据需要在当地建立研发中心和营销中心,在此基础上,当对一个地区的出口产品的数量达到在当地建厂的产量规模时,果断决策投资生产。除海尔外,其他很多中国企业,如通信设备领域的中兴公司也遵循这样的投资策略。

二是树立合作共赢的经营理念。中国企业收购欧盟企业股权有必要采取市场化模式,吸收专业投资人参与。通常部分参股而不是收购100%股权的方式,在并购中成功的可能性更大。尤其是在比较敏感的领域,由于可能招致当地政府和社区、民众反对,利用专业机构的影响力较为容易促进交易。如中联重科为收购意大利CIFA公司,联合了私募股权投资基金曼达林、弘毅和高盛。在共同投资方中,弘毅投资是具有国际视野的中国本土基金,高盛公司是具有全球投资管理经验的投资机构,而曼达林基金的管理团队则是相对了解中国国情的意大利本土团队,这一组合在并购整合前期有效地缓解了文化和理念的冲突,构成了一个有效的"文化缓冲地带",保证了重组整合的顺利进行。

三是要以推进本土化为手段。投资欧盟需要融入当地文化和氛围,尤其是在经营管理上要尽快实现本土化,不应以高高在上的管理者自居。中方企业有必要时刻牢记前往欧盟投资的目的之一是学习欧盟先进的管理经验,在人才使用和经营管理方面要向欧盟标准看齐。如钱江摩托收购意大利贝纳利集团后,不但没有迁移和关闭当地工厂,反而重新聘回已经解散的技术人员,将企业的经营交给专业化团队;同时说服意大利方将零部件制造部门转移到成本更低的中国,利用意大利方的强势研发和设计能力与中国企业的低成本高效率的制造产能结合,实现了经济效益和社会效益双丰收,更在意大利树立了良好的企业形象。

五　结束语

欧盟拥有中国企业需要的技术、市场、管理经验和先进的经营理念,是中国企业走出去的重要市场。从中国自身的情况而言,30多年的改革开放极大地提升了经济和产业的实力,尤其是提升了制造业领域的竞争力。随着工业化进程的基本完成,中国已经拥有全世界最为完整的工业门类和产业链。从技术角度而言,中国制造已经具备较强的对外投资能力,而充足的外汇储备则为中国企业新一轮对外投资布局提供了有力支撑。国际金融危机的爆发,以及欧债危机的持续发酵,使发达国家陷入漫长的经济周期调整之中。为促进经济恢复增长、创造就业,发达国家尤其欧盟国家对外国直接投资和外来资金的需求大幅上升,从而为中国企业进入欧盟市场提供了难得的机遇。

然而,中国企业在纷纷前往欧盟国家并购投资之际,也日益遭遇相关制约因素的困扰。中国工业化水平在高端技术和创新方面的差距,中国企业在国际化经营能力方面的差距以及掌握市场信息能力方面的不足,导致中国企业对欧盟投资存在不少先天的不足;而中欧双边投资制度安排的不完善、欧债危机以来欧盟对华经贸政策的变化,以及欧盟市场存在的多样性、高昂的福利成本、严格的劳工和环境保护等要求,成为中国企业在欧盟顺利投资经营必须跨越但又难度较大的障碍。

促进中国企业对欧盟投资的持续健康发展,对于进一步提升中欧经贸关系水平,实现双方互利共赢、共同发展具有重要意义。为此,在今后 5~10 年内,中欧双方有必要通过建立和完善双边投资制度安排、健全投资信息咨询体系、扩大金融支持和服务、推动中国在欧盟投资企业本土化经营等手段,逐步消除制约中国企业对欧盟投资的制约因素,为中国企业对欧盟投资创造更为便捷有利的环境。

下 篇
对欧洲/意大利在中国直接投资的研究

欧盟对中国的直接投资

弗朗索瓦·勒穆瓦纳[*]

欧盟和中国是国际投资领域的两个主要行为体。欧盟是世界上最重要的对外直接投资（FDI）来源地，中国则是最重要的投资接收国之一。投资已成为欧盟与中国关系的重要支柱，双方在此领域都有至关重要的利益。本文将基于上述背景考察欧盟对中国的直接投资，并针对一些有争议的问题给出解答。

本文的第一部分将从全球视角对作为欧盟对外投资东道国的中国加以分析。提出的一个重要问题是，欧盟在中国的直接投资是否仍有较大的拓展空间。

第二部分关注欧盟投资者在中国的战略，将聚焦于投资与贸易的关系，考察欧盟企业的分支机构在中国进口中扮演的角色。

第三部分转向作为中国产业政策工具之一的外资政策，进而分析外资企业如何通过从欧洲进口高技术产品的方式向中国转移技术。

第四部分简述中国发展战略与外资政策的近期变化，并分析这些变化对于欧洲投资者的影响与启示。

一 欧盟对中国直接投资：一个全球视角的评估

·数据

由于目前很难找到一个欧盟对中国直接投资的连续、完整的数据来源，本文引用的数据来自于多个渠道。

——在欧盟方面，欧盟统计局依据成员国的国际收支平衡数据，提供了欧盟国家的对外投资数据（包括流量与存量）。投资数据包括股权资本、贷款以

---

[*] 法国国际预测研究中心（CEPII）高级研究员。

及再投资收益；通过同一企业集团的其他子机构进行的投资也包含在内。欧盟统计局的对外投资数据依照东道国和经济活动分类。

——在中国方面，中国商务部依据投资来源地定期公布吸收外资的流量与存量。这些数据包括现金、实物投资、技术诀窍、外资企业利润的再投资。

——在与其他母国和东道国进行对比时，本文还使用了另外两个数据来源：（1）经济合作与发展组织（OECD），该组织的数据库提供了其成员国对外投资的国家层面的整合数据；（2）联合国贸易与发展会议（UNCTAD），该组织依据各国的统计资料汇总了世界各国投资流入与流出的流量和存量数据。

来自不同渠道的欧盟与中国双向投资的流量和存量数据不尽一致。就欧盟对中国投资而言，欧盟统计局的统计数据远高于中国商务部的数据。关于2003~2010年欧盟15国对中国投资的累积流量，欧盟统计局与中国商务部的数据分别为624亿美元和379亿美元（见表1）。[1] 两者差额中的一部分是由统计方法造成的，一部分是因为很多大额投资涉及作为离岸金融中心的第三方，从而造成来源统计上的差异。鉴于此，要准确估量欧盟在中国的投资额（包括各成员国的投资）几乎是不可能的。

表1 2003~2010年欧盟对中国直接投资累积流量的不同统计结果

单位：百万美元

投资来源地	欧盟统计局	中国商务部
欧盟15国	62370	37982
德 国	21824	9164
法 国	9245	5194
意 大 利	3822	2858
英 国	8047	6360
荷 兰	3726	6555
西 班 牙	3177	1654
卢 森 堡	-3587	1062
奥 地 利	2601	847
葡 萄 牙	5	90
芬 兰	4918	365
瑞 典	1960	1311

资料来源：欧盟统计局（Eurostat）与中国商务部。

[1] 为了便于对比分析，此处依照当年汇率将欧盟统计局的数据单位由欧元转换成了美元，文中别处亦做了相同处理。

本文将聚焦于过去 20 年（即 1992~2011 年）间欧盟对中国投资的强劲增长势头（Lemoine，2000）。鉴于整个考察期的数据可得性，本文的分析将围绕欧盟 15 国进行。在 21 世纪的前 10 年，欧盟 15 国对中国的直接投资几乎占据了整个欧盟对中国投资的全部。

· 欧盟 15 国是主要国际投资者

在 21 世纪的前 10 年，欧盟国家的对外直接投资增长迅速。与之前的 10 年相比，累计投资额几乎翻了一番（年均投资额由 2950 亿美元增至 5690 亿美元），但是经历了较大的波动：欧盟国家对外投资在 2000 年达到一个峰值（超过了 8000 亿美元），之后在 2007 年又达到一个峰值（1.2 万亿美元）。随着国际金融危机的爆发，2008 年和 2009 年欧盟对外投资有所回落，2010 年出现复苏，2011 年又停滞不前（5620 亿美元），明显低于危机前的水平。

欧盟国家占据了大约一半的全球对外直接投资（20 世纪 90 年代约为 57%，自 2001 年以来为 47%），但其中大部分是在欧盟内部进行的。在本文的考察期内，相互间投资占到欧盟 15 国全部对外直接投资的 56%。下文的分析将集中于欧盟 15 国对第三国的投资（即 15 国之外的第三国）。

· 欧盟对外投资的地理流向：流量与存量

在最近 20 年间，欧盟的对外直接投资流向发生了变化。虽然美国所占份额由 20 世纪 90 年代的 69% 下降至 21 世纪前 10 年的 45%，但始终是欧盟最重要的投资目的地。从存量上看，美国也是欧盟对外投资的最重要流向地（占欧盟对外投资存量的 28%）。21 世纪前 10 年，离岸金融中心成为欧盟对外投资的第二大目的地（占欧盟 15 国对外投资的 21%）。亚洲的地位也正在提升：欧盟对亚洲的投资流量在最近 20 年内增长了 4 倍，亚洲占欧盟对外投资的份额由 7% 增加到 14%（见表 2）。

表 2　欧盟 15 国对外直接投资的地理流向（占全部对外投资的份额）

单位：%

累积流量	1992~2000 年	2001~2010 年
欧盟 15 国之外的欧洲国家	19	32
亚洲	7	14
美洲	69	45

续表

累积流量	1992~2000 年	2001~2010 年
大洋洲	1	2
非洲	2	5
全部	99	99
其中:离岸金融中心	3	21

资料来源:作者根据 Eurostat 数据计算所得。

在欧盟对亚洲的直接投资中,流向中国的投资增长尤其迅速(见表3)。在最近20年间,欧盟流向中国的投资增长了5倍(1992~2000年为100亿欧元,2001~2010年为520亿欧元),中国成为欧盟在亚洲的第三大投资流向地,仅次于中国香港和新加坡。考虑到流向中国香港的投资中有相当大的部分最终又流向了中国内地,将两者加起来,约占欧盟对亚洲投资的36%(20世纪90年代时约为15%)。印度是吸收欧盟投资份额不断增长的另一个亚洲国家。

在过去10年间,欧盟15国在亚洲的投资开始偏离日本、韩国和泰国等传统伙伴,而是逐渐向中印两大新兴经济体和中国香港、新加坡两大离岸金融中心转移。

表3 欧盟15国在亚洲投资的目的地所占份额

单位:%

累积流量	1992~2000 年	2001~2010 年
中国香港	4	23
新加坡	5	19
中国	11	13
日本	23	8
印度	5	6
韩国	12	4
马来西亚	4	2
印度尼西亚	4	1
泰国	7	1
菲律宾	4	1
其他亚洲国家	20	21
中国台湾	5	0
中国香港+中国内地	15	36
亚洲	100	100

资料来源:作者根据 Eurostat 数据计算所得。

国际金融危机爆发后,欧盟对中国的投资表现出较好的修复性,只在 2008 年与 2009 年出现了小幅下滑(年均投资额降至 65 亿欧元),2010 年即开始反弹(71 亿欧元)并恢复至危机前的水平,且在 2011 年跃升至 170 亿欧元。中国占欧盟对外投资的份额由 2009 年的 2% 升至 2011 年的约 5%。2010 年以来,中国成为金砖国家中的第二大欧盟投资目的地,仅低于巴西(见图 1)。

与其他亚洲国家以及巴西和俄罗斯相比,欧盟对中国投资的增长主要出现在最近几年。鉴于此,2010 年中国占欧盟对外投资存量的比重仍不足 2%,明显低于巴西(5%)和俄罗斯(3%)。虽然中国已经开始追赶,但是差距仍较大。

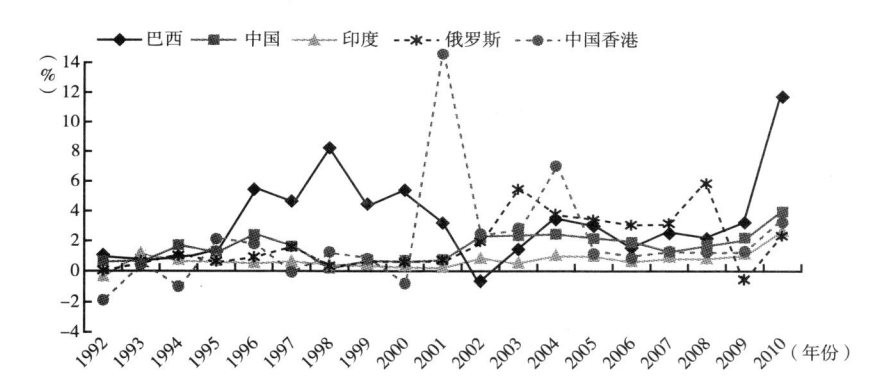

图 1　金砖四国与中国香港吸收欧盟对外直接投资的份额

资料来源:作者根据 Eurostat 数据计算所得。

· 欧盟对外投资的主要部门

依据经济活动将投资进行分类后发现,欧盟对中国投资的部门结构与对其他地区投资相比有很大差异。在对中国的投资中,制造业吸收了约一半的份额,而世界其他地区的制造业吸收欧盟投资的份额约为 25%。另外,欧盟对外投资总额中流向服务业的份额约为 61%,而对中国的投资中服务业所占份额仅为 45%(见表 4)。

在制造业中,欧盟在中国投资的最重要部门是石油、化学、制药、橡胶与塑料制品(占存量的 5%),计算机、电子与光学产品(9%),机器与设备(8%)以及机动车辆(8%)。在服务业中,金融服务占比最大(18%),其次是批发与零售行业(11%)。

表4 欧盟15国对中国投资存量（在各行业部门占比，2010年底数据）

经济活动	中国吸收欧盟15国的投资存量	占欧盟27国之外同一行业部门投资存量的比重
制造业	**50**	**4**
食品、饮料与烟草	**4**	**2**
纺织、服装，木制品、纸制品	**1**	**2**
纺织与服装	0	3
木制品与纸制品	1	2
石油、化学、制药、橡胶与塑料制品	**11**	**2**
焦炭与提炼石油制品	1	1
化学工业	5	3
橡胶与塑料制品	3	14
金属与机器制品，不包括电学设备	**20**	**5**
基础金属与金属制品	3	3
计算机、电子与光学产品	9	5
机器与设备	8	7
机动车辆与其他运输设备制造	**9**	**10**
机动车辆	8	11
其他运输设备	1	5
其他制造业	**5**	**4**
水供应、污水处理	1	21
建筑业	0	1
服务业	**45**	**1**
批发与零售；机动车辆维修	11	5
机动车辆批发与零售	5	21
批发，不包括机动车辆批发	6	4
零售，不包括机动车辆零售	1	3
运输与仓储	1	2
金融与保险活动	18	1
专业、科学与技术活动	12	3
其他	**6**	
全部	**100**	**2**

资料来源：作者根据Eurostat数据计算所得。

从某些经济部门来讲，中国在欧盟企业对外投资战略中占据着突出位置。一个例子是橡胶与塑料行业，中国吸收了欧盟企业对外投资存量的13%。汽车业是另一个重要部门，吸收了欧盟对外投资的11%；除制造环节外，欧盟在中国汽车业的投资还体现在另一个方面，即在汽车批发与零售业务上的投资占据了欧盟对中国服务业投资的1/4，同时占到欧盟此类业务对外总投资的22%。相比之下，金融服务的份额偏低，占欧盟对中国服务业投资的18%，占欧盟对外投资存量的比重仅为1%。

欧盟在中国投资的部门分布特点与印度类似，即投资几乎等量分布于制造业与服务业，同时金融服务业吸收投资偏低。在这两个国家，服务业对外资相对较为封闭。在俄罗斯，欧盟投资中流向服务业的比重为20%，巴西的这一比重为24%。

· 欧盟在中国吸引外资中的地位

为了评估欧盟在中国投资是否仍然"不足"，有必要考察欧盟在中国自全球吸引外资中所处的位置，这就需要用到中国商务部的统计数据。

我们首先看中国吸收外资的趋势，之后看外资来源地。中国吸收外资在20世纪90年中期开始起飞，也就是在邓小平1992年提出进一步加大改革开放力度之后，吸收外资由1992年的110亿美元跃升至2000年的400亿美元。中国于2001年加入世界贸易组织（WTO），这也进一步增加了其对外资的吸引力，2011年吸收外资额达到1230亿美元。目前中国每年吸收约10%的全球投资（此处的全球投资不包括欧盟15国的相互间投资），这一规模相当于印度、巴西、俄罗斯三个金砖国家吸引外资规模的总和。2011年，中国吸引外资的存量占其GDP的10%，与印度的比重相同，明显高于日本（4%），但远低于俄罗斯（25%）和巴西（28%）。

然而，中国商务部的数据可能高估了该国吸收外资的数额。中国香港是其最大的境外资金来源地：其流入量占比在21世纪的前10年平均为40%，至2010年时升至57%。实际上，来自中国香港的投资中有相当大一部分是"迂回"投资，即中国内地的资金先流入中国香港，而后再以"外资"的身份流回到内地，为的是享受外资的税收优惠和更多的保护。对于这种"迂回"投资所占的比重，估计的规模为20%～50%（Geng Xiao，2004）。此外，中国香港还一直是有意愿进入中国市场的外国投资者的重要基地。

由于全球投资流动的膨胀以及诸如中国香港和其他离岸金融中心（维京

群岛)的存在,① 资金的真实来源往往被掩盖,中国商务部的数据很可能低估了欧盟(及其他投资者)在中国投资的真实数额(见表5)。

在中国吸收的外资中,欧盟的份额有轻微下降,所占比重由21世纪最初几年的7%~8%降至2010年的6%,但是该份额仍明显高于美国(美国的份额于2010年缩水到仅为3%),甚至高于日本以及其他主要亚洲投资体的份额(中国台湾或者韩国)。实际上,除了中国香港和维京群岛之外,欧盟在中国的所有外资来源地中位于最前列。

表5 中国吸收外资来源地份额(流量)

年份	2003	2004	2005	2006	2007	2008	2009	2010	2003~2010
亚洲	64	62	59	56	56	61	67	73	63
日本	9	9	11	7	5	4	5	4	6
中国香港	33	31	30	32	37	44	51	57	42
非洲	1	1	2	2	2	2	1	1	2
欧洲	8	8	9	9	6	6	6	6	7
欧盟15国	7	7	9	8	5	5	6	5	6
俄罗斯	0	0	0	0	0	0	0	0	0
拉美	13	15	19	22	0	0	16	13	12
巴西	0	0	0	0	0	0	0	0	0
开曼群岛与维京群岛	12	14	3	3	3	3	15	12	9
北美	10	8	6	6	5	4	4	4	5
美国	8	7	5	5	3	3	3	3	4
大洋洲	3	3	3	4	4	3	3	2	3
澳大利亚	1	1	1	1	0	0	0	0	1
世界	100	100	100	100	100	100	100	100	100

资料来源:中国商务部。

- 一个综合指标:对外直接投资强度(FDI intensity)

投资强度衡量的是双向资本流动的重要性,也即母国和东道国在国际投资方面的相对地位。该指标用某东道国在欧盟对外投资中所占份额与该国在全球对外投资中所占份额的比率来表示。

如图2所示,欧盟在中国的投资强度与美国相当,但是明显低于日本。然而,欧盟在中国的投资强度与在其他大规模新兴经济体相比较低(见图3)。

---

① 例如,很多中国台湾投资者不能直接在大陆投资。他们的投资往往是通过中国香港的公司进行的,并且越来越多地通过离岸金融中心来进行。

在过去 20 年间，欧盟在中国的投资强度低于巴西、俄罗斯和印度。这意味着中国进一步吸收欧盟投资的潜在空间的确较大。

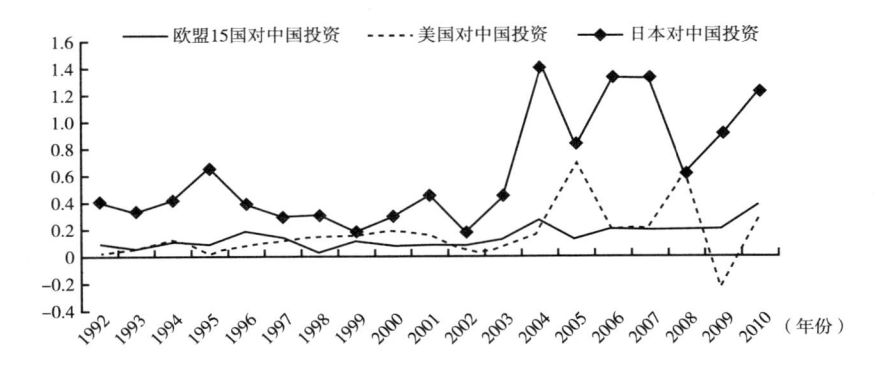

图2　欧盟15国、日本、美国在中国的投资强度

资料来源：作者根据 Eurostat 数据计算所得。

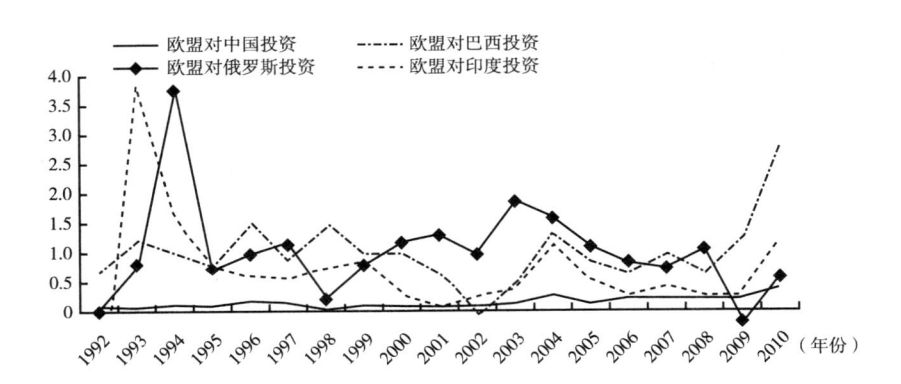

图3　欧盟在金砖四国的投资强度对比

资料来源：作者根据 Eurostat 数据计算所得。

二　欧—中贸易与对外直接投资

如上文所述，中国吸收了大约10%的国际投资流量，与其在国际贸易中的份额相当。中国对外资的开放几乎与贸易开放同步。在金砖国家中，印度的情况与中国类似，而巴西和俄罗斯对于外资比进口更加开放。

然而，对于主要的贸易伙伴（欧盟、美国和日本）而言，中国作为出口市场的地位比投资东道国更加重要。中国在欧盟出口中所占份额比在欧盟对外投资中的份额高出两倍还多。这一差距也出现在日本与中国的经贸关系中，在美国与中国的经贸关系中更加突出（见表6）。这种出口与对外投资导向之间的差异也存在于俄罗斯和印度，对于欧盟、美国和日本而言，这两国作为投资东道国的身份远不如出口市场重要。此种差异或许充分体现了对外直接投资对于离岸金融中心的偏爱。俄罗斯的最大外资来源地是塞浦路斯，印度的最大外资来源地是毛里求斯。

表6 金砖四国在欧盟、美国、日本对外投资和出口中所占份额

单位：%

	欧盟15国		美国		日本	
占FDI百分比	1992~2000年	2001~2010年	1992~2000年	2001~2010年	1992~2000年	2001~2010年
巴西	5.1	3.0	4.2	1.1	1.4	3.6
俄罗斯	0.5	2.8	0.0	0.4	0.0	0.3
印度	0.3	0.8	0.2	1.0	0.4	2.6
中国	0.8	1.8	1.0	1.7	4.1	8.9
世界	100	100	100	100	100	100
占出口百分比	1992~2000年	2001~2010年	1992~2000年	2001~2010年	1992~2000年	2001~2010年
巴西	1.6	1.5	2.7	2.7	0.8	0.8
俄罗斯	2.6	4.3	0.5	0.5	1.0	1.0
印度	1.3	1.8	1.5	1.5	1.2	1.2
中国	2.3	4.9	8.4	8.4	22.0	22.0
世界	100	100	100	100	100	100

资料来源：Eurostat, OECD; CEPII Chelem database。

· 对外直接投资与贸易：文献中的多种解释

对外直接投资究竟能促进贸易还是替代贸易是个长期存在争议的问题。欧洲（以及美国、日本）在中国进行的转化为生产能力的投资，通常被认为是双边贸易不平衡以及前者产业"空洞化"的原因。对此，涉及对外直接投资与贸易之间关系的经验分析得出了多种结论。根据阿米蒂等人的研究（Amiti et al., 2000），对外直接投资的类型不同，对贸易的影响也不同。从理论框架

上看，需要区分两类不同的投资：（1）垂直型投资，即企业将不同的生产环节分布于不同的国家；（2）水平型投资，即企业在不同国家生产相同的产品。垂直型投资通常具有贸易创造效应。在这种情况下，欧盟企业将货物与服务出口到中国的子公司，这些货物与服务所密集使用的生产要素通常是欧洲相对丰富的（包括高技能劳动力，资本与技术）。水平型投资则通常被认为对贸易有负面影响（或者说替代了贸易）。而投资是水平型的还是垂直型的主要依赖于国家特征。垂直型投资主要发生在要素禀赋不同的国家；而水平型投资往往发生在资源禀赋类似的国家（相互间的贸易成本较高）。垂直型投资伴随着大量的企业间贸易。

· 外国投资者在中国的战略

另一个分析对外直接投资与贸易关系的途径是考察投资者动机。在国外投资的企业往往出于不同的动机。通过对中国的考察可以发现，外来投资主要有两个动机：开拓市场与降低成本；同时母国对于投资战略有较大影响（Zhang，1995；Tso，1998）。亚洲国家和地区投资中国的目的主要是出于成本考虑，同时他们更倾向于对出口导向型活动的投资。对于亚洲企业而言，投资于中国是其全球战略的一部分，旨在将劳动密集型产业或者生产环节转移到中国，以保持其在全球与国内市场的竞争力。他们遵循着如今被称为"雁行模式"的战略，将中国发展成为出口基地。由于地理上邻近，贸易成本较低，因此有利于进行垂直型投资。自20世纪80年代中期以来，中国政府一直支持这种投资：为了壮大出口部门，对发展出口行业尤其是跨国加工生产给予各种优惠（对于出口和用于加工生产的进口给予关税减免）。围绕加工活动的投资具有典型的"垂直性"，同时也促进了母国的出口（中间产品等）。

另一方面，美国和欧洲的投资者主要为中国国内经济的规模与快速增长所吸引，他们的主要目标在于市场扩张而非降低成本（Andreosso-O'Callaghan and Wei，2003；Branstetter and Foley，2007）。其投资主要是针对中国的国内市场进行生产。中国政府长期限制这类投资。最初，这些限制主要表现在中国执行进口替代战略（减少进口以扩大国内生产）的部门。为此，中国将最终产品的进口关税设得很高，而对中间产品所设关税低，同时外资企业必须遵守生产中本地化成分最低比率的要求。这样的政策在汽车业等部门执行。中国加入WTO之后，大多数部门对外资的上述限制解除了，但是汽车业仍保留着外资最多拥有49%股权的上限。

鉴于欧盟对中国投资的行业特点（化学、机器、运输设备），其投资与亚洲国家的投资相比，具有更高的资本密集度，规模更大，附加值与技术含量也更高（Andreosso-O'Callaghan and Wei, 2003）。因此，欧盟的投资主要集中在长江沿岸及渤海区域等工业基础较好的地区。日本的投资主要集中在北方省份（辽宁和黑龙江），中国香港的投资主要在广东，中国台湾的投资主要在福建，而美国的投资主要在上海。然而，随着亚洲企业越来越将出口导向与内部市场导向相结合，亚洲与欧洲在中国投资战略的差异也逐步缩小。

鉴于欧盟与中国在发展水平上的差异，欧盟对中国投资主要是垂直型的。针对中国市场的直接投资成为绕过关税壁垒的手段（中国对最终产品实行高关税），同时适应当地需求与偏好。这类投资也有助于投资者母国的产品与服务出口。一方面，这种投资推动了资本品（如机器）与中间产品（用于当地生产的零部件）的出口；另一方面，还可以通过示范效应刺激东道国需求的多样化，从而增加自投资者母国进口高价格/高质量产品。

下一部分将聚焦中国外资企业的进口，并将阐明与在中国投资相关的不同类型的劳动分工（垂直与水平）。

· 中国外资企业的进口

中国海关提供的数据可以使我们对外资在中国企业（FCFs）的进口情况做出分析。自1995年起，中国海关统计管理局开始出版外资在中国企业的进出口数据，并将外资企业（包括外资份额超过25%的合资企业和全资外资企业）与其他企业（即全资中资企业，包括国有企业和私人企业）区分开来。在1997~2007年这一区间，我们可以得到依照海关体系（处理后数据或原始数据）、国别、产品等口径统计的外资企业进口的详细数据。

外资企业是中国进口的一个重要渠道，占中国全部进口的一半以上。在我们的考察期内，大部分外资企业的进口与加工贸易有关，但是进入21世纪以来，为满足中国国内市场需要的进口（普通进口）增长不断加快。在外资企业的总进口中，普通进口所占比重由20世纪90年代末的11%增加至2007年的26%。普通进口重要性的提升反映了中国国内市场对于外国投资者的吸引力，同时中国加入WTO也为外资企业创造了广泛进入中国市场的机会（WTO规定终止了中国对外资企业出口方面的要求）。第三类进口包括机器与设备，代表着外资企业对中国资本投资的贡献（此类投资加上其他份额较小的投资共占到考察期内外资企业进口的20%)。

・外资企业自欧盟的进口主要面向中国国内市场需求

目前在中国有进口活动的外资企业的国籍信息我们还无法获得。实际上,合资企业或者全资外企的投资有可能来自不止一个国家。为了考察外资企业在中国自欧盟进口中发挥的作用,我们做如下大致假设,即自欧盟进口的外资企业都是欧洲企业的子机构(也即企业的全部或部分资本来自欧洲)。这一假设为如下几个事实所支持:在中国的非欧洲外资企业不太可能将欧洲作为进口的重要来源地;欧盟的确处于围绕中国而形成的亚洲国际生产网络之外;而且,如上文所述,欧盟企业在中国投资的主要目的是开拓市场,因此可以预期其子机构将在外资企业自欧盟进口中占据绝大部分比重。外资企业自欧盟进口的大部分应该是通过企业间贸易实现的,这一假设也在下文的分析中获得了支持。

外资企业自欧盟的进口主要是由普通进口构成的,占到全部进口的40%强,是外资企业自其他地区进口中普通进口所占比重的两倍(见表7)。这与其他调查的结论是一致的,即欧盟在中国的投资与亚洲投资者相比更倾向于开拓国内市场,后者则以加工活动为主。设备进口是欧盟在中国的企业进口的第二重要类别,属于资本性投资,但是处于相对下降地位。为加工贸易所开展的进口活动则是最不重要的类别(占进口的1/4)。

表7 外资企业自欧盟的进口:依照贸易类型统计

单位:%

年份	1997	1998	1999	2000	2001	2002	2003	2004	2005	2006	2007	1997~2007
普通进口	21	27	38	42	43	41	45	42	40	46	52	43
其他进口	57	52	38	30	32	33	33	36	33	26	23	32
加工进口	22	21	24	28	24	25	21	22	27	28	26	25
全部	100	100	100	100	100	100	100	100	100	100	100	100

资料来源:中国海关数据与作者计算。

・外资促进了来自欧盟的中间产品进口

外资在中国企业进口的结构支持以下理论假设,即要素禀赋不同的国家间的直接投资倾向于创造垂直型的劳动分工,因此具有贸易创造效应。

依照表8,零部件是外资在中国企业进口的最重要部分(在考察期内平均占到33%）；半成品占第三位（25%）。也就是说，外资企业自欧盟的进口中相当大的份额是中间产品（70%）。这意味着直接投资促进了欧盟和中国之间的垂直型劳动分工，也就是将生产的不同环节在欧盟企业及其在中国的分支机构之间重新划分。

表8　外资企业自欧盟的进口：依照生产环节统计

单位：%

年份	1997	1998	1999	2000	2001	2002	2003	2004	2005	2006	2007	1997~2007
初级产品	2	3	4	4	4	4	4	5	5	5		4
半成品	25	23	23	24	23	27	25	22	27	27	27	25
零部件	27	34	38	44	39	32	34	35	32	32	26	33
消费品	3	3	3	5	6	7	9	8	7	10	12	8
资本品	42	37	31	23	28	30	29	31	29	26	30	29
其他		1	0	0	0	0	0	0	0	0	0	0
所有环节	100	100	100	100	100	100	100	100	100	100	100	100

资料来源：中国海关数据与作者计算。

在考察期内，外资在中国企业自欧盟进口中的最终产品（资本品和消费品）占了1/4。这一产品结构与其他类型企业（也即中国企业）自欧盟的进口形成了鲜明对比，后者主要以资本品为主（占比45%）。

在外资企业自欧盟进口的最终产品中，增长最快的类别是消费品。消费品中很大一部分是汽车产品（2007年占外资企业自欧盟进口消费品的40%），主要来自德国，其次来自英国。这体现了欧盟的大量投资对于中国汽车业的重要影响。如上文所述，这些投资不仅包括与中国企业合资生产，还大量涉及汽车产品批发与零售领域。投资促进了来自母国的同行业销售。在消费品领域，由于欧盟对中国出口的多为高价格/高质量的产品，因此投资更多地促进了水平型劳动分工。在21世纪头十年的末期，大众在中国生产的汽车占其总产量的15%，同时德国的几大汽车制造商（宝马、戴姆勒、大众）对中国的豪华车出口经历了迅速增长。另外，欧洲的化妆品企业由于投资于本地的生产与分销网络，同时又自母国进口高端产品，因此在中国市场也占有重要位置。

· 欧盟国家的不同战略

在华外资企业的角色因国家而各不相同。对比欧盟各国的情况可以发现，外资企业进口在中国自荷兰、英国和德国的总进口中占据的地位相对更加重要，而自法国和意大利进口的比重则低于自欧盟进口的平均水平（见表9）。

表9 在华外资企业进口占中国自来源地总进口的比重

单位：%

年 份	1997	2007	1997~2007
世 界	55	59	57
欧 盟	55	54	52
德 国	60	57	53
法 国	39	43	42
英 国	59	56	53
意大利	60	49	49
荷 兰	58	57	57

资料来源：中国海关数据与作者计算。

值得注意的是，1997~2007年，在外资企业自欧盟的进口中，德国的份额不断增长（占自欧盟进口比重由35%增至45%）（见表10），从而对德国在中国市场上突出的出口表现作出了贡献。由于德国的投资集中于制造业（德国在中国企业营业额的一半来自制造业），因此有助于促进来自母国的进口（以企业间贸易为主）。相比之下，法国在中国企业营业额的60%~70%产生于非制造业活动，贸易创造效应较弱。然而，上述关系并非适用于所有国家。意大利在中国的投资集中于制造业，但是并未起到明显促进该国对中国出口的作用。

表10 外资企业自欧盟进口占欧盟对华总出口的比重（依照国别分类）

单位：%

年 份	1997	2007	1997~2007
德国	35	45	42
法国	12	10	10
英国	11	8	8
意大利	14	9	9
荷兰	6	5	5
其他欧盟国家	22	24	26
欧盟15国	100	100	100

资料来源：中国海关数据与作者计算。

三 欧盟对中国直接投资与技术转移

·中国的外资政策:"以市场换技术"

鼓励外资一直是中国改革开放政策的重要内容。而中国外资政策的一个重要动机就是要获得新技术,加快国内生产能力的现代化(Blonigen et al.,2007;Nicolas,2008)。合资企业或全资外资企业通过进口投资品和零部件,加快了中国新生产能力的建设。除上述直接影响外,外资还被普遍认为具有以下正外部性:通过示范效应、与中国企业的上下游联系、技能劳动力的流动等加快中国企业的现代化进程。

为了促进技术转让,中国政府出台了一系列特别规定。对于在中国设立研发中心的外国投资者,中国政府给予返税或税收优惠待遇。同时,还实行了大量"鼓励"技术转让的实际措施,通过"以市场换技术"的手段给外国投资者施加压力。

·通过直接投资进行的技术转让

技术转让可以通过多种方式实现:购买专利使用权,外包活动,吸引外资,并购外国企业等。至今为止,中国明显地更加倾向于依赖来自发达国家的投资这一方式。外资的确能够通过多种方式提高东道国的技术实力(Moran,2011)。外国制造业投资者在中国创建工厂,融入了资本、技术和管理经验;他们的前沿技术、生产工艺和管理经验可以被东道国企业模仿;在当地形成的供应网络有利于提升东道国的技术标准。

根据诸多经验研究,通过对外直接投资实现的技术转让结果具有多重性(Blonigen et al.,2007;Moran,2011;Poncet et al.,2012;Lemoine et ünal-Kesenci,2004)。总体上看,外资引起的一些负面效应越来越为中国所重视。一些部门过于依赖外国投资,同时外资过于集中在沿海地区而造成区域发展失衡问题。更具体地说,在21世纪前十年的末期,中国出口的高度复杂性明显地应归因于外资企业,后者对于中国企业的技术溢出效应相对较弱。外资企业产品与中国企业产品的技术含量差距在拉大。虽然中国也有众所周知的"国家冠军"(主要在电信领域),西方跨国企业在中国的新经济活动、创新与高技术上仍然处于控制地位。并无证据表明外资企业为中国企业的技术追赶提供了帮助。根据莫兰(Moran,2011)的研究,在中国的跨国企业在技术研发上仍显著地以本国为基地。

· 外资企业自欧盟进口技术

与外资相关的技术转让可以考察外资企业进口货物的技术含量。之前我们提出，从欧盟进口的外资企业主要是欧洲企业。为了衡量进口产品的技术含量，我们采用冯塔涅等人（Fontagné et al.，1999）的定义，他们选取了研发密集度较高的252类产品（依照HS海关前6位编码分类）。他们采用的"高技术"定义较为狭窄，主要包括电子产品、制药和航空产品等。

1997~2007年，在中国自欧盟进口的高技术产品中，外资企业的进口占了45%，这表明外资企业的确是向中国转移技术的重要渠道。然而，这一重要性会被以下事实削弱，那就是外资企业自欧盟的进口中仅有13%是高技术产品。与中国自欧盟的全部进口中高技术产品所占份额（15%）相比，这一比例相对较低。而且，在21世纪的头十年，外资企业自欧盟进口的技术密集度有所下降，而这并不能用外资企业在中国的本地化生产替代了进口来解释。中国对于外国技术的依赖度并未下降，同时中国自世界其他地区的进口中的高技术含量不降反升，在我们的考察期内达到了平均18%的水平。

外资企业自欧盟进口中的高技术产品比例相对较低，可以通过欧盟在中国投资的部门特征加以解释。欧盟的投资主要集中在机动车辆和机器等部门，这些部门生产的产品不被归为高技术行业，而是归为"中—高技术"类别。在考察期内，外资企业自欧盟进口的54%属于中—高技术部门。与自世界其他地区进口相比，外资企业自欧盟进口的技术密集度较低，这与欧洲主要在机器、化学和运输设备等中—高技术部门具有全球性比较优势是一致的。（Gaulier et al.，2012）。

然而，外资企业通过自欧盟进口而实现的技术转让实际上比其他企业更多，因为他们进口的中间产品和资本品都用于中国国内经济：主要是普通进口（大约2/3）。相比之下，外资企业自世界其他地区的中—高技术进口通常用于加工出口的目的，用于与中国国内经济联系不密切的出口导向型企业（Lemoine et ünal-Kesenci，2004）。

外资企业所有权的演变或许也在一定程度上削弱了技术转让。在考察期内，外国投资者明显地更加倾向于建立拥有100%股权的企业。中国自加入WTO之后，在很多部门取消了对外资控股的限制，外国投资者开始越来越多地投资于全资企业（或将之前的中外合资企业转换为100%控股的子机构），从而更容易管理，也能更好地保护技术及其他特殊优势。在中国自欧盟的进口中，全资外资企业要多于合资企业，因此不太倾向于进口高技术产品。全资外资企业进口产品的技术密集度低于合资企业（见表11）。

表11 中国自欧盟进口的高技术产品：依企业类型划分

单位：%

年份	1997	1998	1999	2000	2001	2002	2003	2004	2005	2006	2007	1997~2007
自欧盟进口中的高技术产品比重（依企业类型划分）												
中国企业	64	59	54	37	37	50	57	52	57	59	62	55
全资外资企业	4	8	8	12	13	18	15	16	16	16	20	15
合资企业	31	33	38	50	50	32	28	32	26	25	18	30
所有企业	100	100	100	100	100	100	100	100	100	100	100	100
外资企业自欧盟进口中的高技术产品比重*												
全资外资企业	8	14	15	15	14	12	10	10	10	9	8	10
合资企业	13	17	22	23	23	12	12	13	14	16	10	15
所有企业	18	22	22	18	17	12	12	13	15	16	13	15

* 企业全部进口中的高技术产品的百分比。
资料来源：中国海关统计与作者计算。

四 欧盟对中国直接投资的新环境

· 双向投资的不同趋势

2007年以来，金融危机与经济危机使得欧盟与中国之间的投资流动发生了新变化。危机冲击了欧盟经济，但是中国经济却表现出了良好的弹性。无论是在国内市场还是全球战略中，中国企业都从充足的金融资源和官方支持中获益良多。2007~2010年间，欧盟对中国直接投资出现了停滞，而中国对欧盟投资则增长迅速。随着上述双向投资不同趋势的发展，依照中国商务部的统计，2011年中国对欧盟投资甚至超过了欧盟对中国投资（分别是76亿美元和50亿美元）。但是，欧盟统计局的数据并不如此。在后者的统计中，中国对欧盟的投资要低得多（44亿美元），而欧盟对中国的投资则高得多（246亿美元）。无论如何，欧盟对中国投资下降与中国对欧盟投资增加同时出现的事实的确反映了经济实力的此消彼长，也表明对于欧洲企业而言，中国作为关键的全球性新兴市场的地位比以往更加重要。

这为欧盟与中国双边关系的发展创造了新环境。欧洲方面表达了对中国外资歧视政策的不满，认为歧视政策造成欧洲企业在中国丢掉了重要的市场份额。欧洲企业界与欧盟开始对中国施压，要求中国扩大市场准入（EU Chamber of Commerce, 2012）。投资成为欧盟与中国关系中的关键问题。

· 中国外资政策的变化

自 2010 年开始，外资企业越来越多地表达了对中国投资环境恶化的担忧。实际上，自 21 世纪前十年的中期开始，中国的外资政策已经发生了改变。正如弗朗索瓦·尼古拉（Françoise Nicolas）所分析的，自 1978 年以来，中国的外资政策经历了以下不同阶段。

——第一阶段自 20 世纪 70 年代末至 80 年代初，当时中国经济处于逐步与有限开放的时期。与外国投资者合资的企业开始在经济特区与沿海城市试点。

——第二阶段以通过优惠待遇积极吸引外资为特征（1986～1995 年）：为吸引外资，中国政府针对出口导向型和应用高技术的合资企业给予税收优惠。1986 年，中国政府取消了外资参股占比的上限，全资外资企业具备了创建的可能。

——第三阶段自 20 世纪 90 年代中期至 21 世纪前十年的中期，在追求国内产业政策目标的框架下促进吸引外资。中国在国家层面鼓励吸引外资，并制定"指导目录"对"鼓励、限制或禁止"外资进入的部门做出规定。"指导目录"依照中国经济发展的需要定期修订。资本密集型、高技术密集型以及出口导向型的部门在吸引外资上受到鼓励。大多数服务性行业属于"限制"外资进入的类别。

——第四阶段自中国的"十一五规划"（2006～2010 年）开始，该规划旨在培育更加平衡与高质量的经济增长。这一目标也体现在外资利用上，即开始重视外资的质量，并提出了两个宽泛的优先目标：加强经济的技术内涵（鼓励高技术产业吸引外资，鼓励研发）；鼓励资源节约与环境保护。作为辅助性目标，保证国家经济安全也被列入各行业外资政策的新考虑中来。

2007 年，中国结束了实行了大约 30 年的针对外资企业的税收优惠政策。给予外资的税收激励大幅下降，且开始逐步将原来的两套税制（一套针对外资企业，一套针对中国企业）进行整合，统一了中国企业与外资企业的收入所得税税率。于 2007 年开始生效的新修订的"指导目录"反映出，中国的外资政策已由绝对鼓励转向有更多选择性的鼓励（Nicolas, 2008）。一些新的部门被纳入鼓励吸引外资的行列（包括物流、信息技术服务），而银行和保险服务仍在被鼓励的范围之外。

这被解读为中国正在启动告别外资拉动型增长的战略转型。自1978年以来，吸引外资一直被视为开放政策的一个主要目标，而且在帮助中国制造业现代化上取得了显著成绩。但是，现在中国似乎不再像过去那样依赖外资，而是更多地通过在国外并购来获取新技术。

・欧洲的立场

欧洲的企业团体认为中国政府使用各种市场规制（包括竞争政策、标准、环境保护等）作为保护手段。在2012年的《欧盟在华企业建议书》中，欧盟驻中国商会强调了欧盟与中国在外资企业市场准入条件上的不对称，以及外资企业受到的诸多限制导致其在中国国内市场上竞争处于不利地位。这些限制比针对中国私营企业的还多，包括强制认证，申请营业执照，合资企业中外资参股上限，国家安全要求，强制性地以市场换技术，对知识产权保护不力等。而且，外资企业在获得补贴、研发资金与政府采购合同方面也处于不利地位。欧盟驻中国商会估计，中国政府采购市场价值大约占其GDP的20%。依照这一估计，2011年中国政府采购市场价值大约为1.05万亿欧元。

欧盟驻中国商会的建议书呼吁欧盟统一对中国战略，并启动双边投资协议的全面谈判。在此领域统一政策能够加强欧盟国家要求中国对等开放市场时的讨价还价能力。

《里斯本条约》生效后，欧盟层面在对外投资领域已拥有排他性的决定权，但是直到目前，欧盟成员国分别与中国签订的26份双边投资协定仍适用，而这些协定包含了不同层次与标准的投资保护。与中国展开全面的投资谈判已提上日程，但是仍未启动。欧盟需要决定谈判旨在达成何种协定。一个选择是用一份单一协定替代现有的26份双边协定，并将其内容都涵盖进去。这种协定将提供一个更加统一的框架，但是无助于促进经济伙伴间的投资流动。另一个更有雄心的方案是达成一个有助于改善欧洲投资者在中国境遇且能开发新市场机遇的全面的投资协定。然而，这样的协定意味着欧盟成员国对于来自中国的直接投资也将有统一政策。

为了厘清各种不同选择的可行性，2011年5月，欧盟委员会就欧盟与中国投资关系前景发起了公共意见咨询。

· 欧洲投资者的新挑战与新机遇

对于欧洲企业而言，本地化生产是供应中国国内市场的一个主要渠道。但是，现在他们面临着新的挑战，即必须面对来自中国企业的竞争，而后者无论在国内市场还是在全球市场都是越来越强劲的竞争对手，同时又获得了中国政府出于打造"国家冠军"目的而给予的支持。意欲刺激"自主创新"的官方政策给予中国企业在政府采购方面的优先权，而旨在保证经济增长的"2008~2009年刺激计划"推动了政府拉动型投资的繁荣，其主要受益者为国有企业。私营企业与外资企业一样被排挤在外。

然而，中国"十二五规划"（2011~2015年）中的新发展战略对欧洲企业却意味着机遇。在未来20年，快速的城镇化、工资水平与社会支出的提高将有助于缔造中产阶级，进而促进消费品与服务需求的快速增长。由于欧洲企业已经在中国的公共事业、运输、本地批发与零售网络以及高端进口产品分销等领域都开展了投资活动，因此面临着很多商业机遇。

对于欧洲企业来讲，中国是否对外国投资者（以及国内私营企业）开放服务业市场具有决定性意义。首先，服务部门的发展被认为将是中国经济增长的重要驱动力（正如过去30年的制造业一样）；其次，欧盟在服务行业具有全球性的比较优势。因此，中国经济开放的新阶段将为欧洲企业创造大量商业机遇。

五　结　论

除中国香港和维京群岛之外，欧盟15国已经取代日本和美国成为中国最重要的投资来源地。在一些欧洲企业（汽车业、公共事业、橡胶与塑料、机器等企业）的投资战略中，中国已经成为核心市场。

然而，欧盟对中国的投资强度与巴西、俄罗斯或印度相比还处于较低水平，这也支持仍存在"未开辟的潜在空间"的想法。在金融服务业吸收外资方面，中国落后于其他大型新兴经济体，对外资仍相对封闭。

外资企业是中国自欧盟进口的一个重要渠道，其进口主要为中间产品，这表明直接投资促进了欧盟与中国之间的垂直型劳动分工。最近，外资企业在中国自欧盟消费品进口的迅速增长中越来越扮演着积极角色。

由直接投资驱动的中国自欧盟的进口呈现出两个特征：主要服务于国内市场（而非加工出口）；与自其他地区进口相比技术密集度较低，这符合欧洲在中—高技术部门具有比较优势的事实。

欧洲投资者在中国市场已具备了较强的实力，在利用中国城镇化和中产阶级兴起的机遇更好地参与国际竞争上占据着有利位置。

（孙彦红　译）

参考文献

Amiti, Mary, David Greenaway, Katharine Wakelin（2000）："Foreign Direct Investment: Substitutes or Complements", http://www.cepr.org/meets/wkcn/2/2290/papers/amiti.pdf.

Andreosso-O'Callaghan, Bernadette, Xiaojun Wei（2003）: "EU FDI in China: locational determinants and its role in China's hinterland", Proceedings of the 15th Annual Conference of the Association for Chinese Economics Studies in Australia ACESA）.

Blonigen, Bruce A. and Alyson C. Ma（2007）: "Please Pass the Catch-up: The Relative Performance of Chinese and Foreign Firms in Chinese Exports", NBER Working Paper No. 13376.

Branstetter Lee, C. Fritz Foley（2007）: Facts and fallacies about U.S. FDI in China, NBER Working paper 13470, October, Published in Robert C. Feenstra and Shang-Jin Wei, eds., *China's Growing Role in World Trade*, University of Chicago Press, 2010.

"China", *Asian Economic Journal*, Vol. 9, N°21, July, pp. 153 – 167.

European Union Chamber of Commerce in China（2012）: European Business in China Position Paper.

Eurostat: http://epp.eurostat.ec.europa.eu/portal/page/portal/eurostat/home/.

Fontagné, Lionel, Freudenberg Michael, Ünal-Kesenci Deniz（1999）: "Trade in Technology and Quality Ladders: Where do EU15 Countries Stand?", *International Journal of Development Planing Literature*, Vol. 14, N° 4, pp. 561 – 582, October-December.

Gaulier, Guillaume, Françoise Lemoine, Deniz ünal（2012）: "Teh rise of emerging economies in the EU15 trade", *European Journal of Comparative Economics*, Vol. 9, N°1.

Geng Xiao（2004）: "People's Republic of China's Round-Tripping Scale, Causes and Implications", ADB Institute Discussion Paper No. 7.

Lemoine, Françoise（2000）: "FDI and the opening up of China's economy", CEPII Working Paper, N°1, June, http://www.cepii.fr/PDF_PUB/wp/2000/wp2000 – 11.pdf.

Lemoine, Françoise, Deniz ünal-Kesenci（2004）: "Assembly Trade and Technology Transfer: The Case of China", *World Development*, Vol. 32（5）, May.

MOFCOM, http://english.mofcom.gov.cn/.

Moran, Theodore H. (2011): "Foreign Manufacturing Multinationals and the Transformation of the Chinese Economy: New Measurements, New Perspectives", Peterson Institute for International Economics, Working Paper 11/11, March, 2011, http://www.iie.com/publications/wp/wp11 – 11. pdf.

Nicolas, Françoise (2008): "China and Foreign Investors. The End of a Beautiful Friendship?", *Centre asie IFRI*. 22.

Poncet, Sandra, Joachim Jarreau (2012): "Export sophistication and economic performance: evidence from Chinese provinces", *Journal of Development Economics*, N°97, pp. 281 – 292, 2012.

OECD: www.oecd.org.

Tso A. (1998): "Foreign Direct Investment and China's Economic Development", *Issues and Studies*, Vol. 34, No. 2, February, pp. 1 – 34.

UNCTAD: www.unctad.org

Zhang Z. (1995): "International Trade and Foreign Direct Investment: Further Evidence from China", *Asian Economic Journal*, Vol, 9, N°21, July.

意大利在中国直接投资的格局变化

阿莱西娅·阿米给尼[*]　马尔科·桑菲利坡[**]

中国在 20 世纪 70 年代末开放了外商投资领域，并在 1992 年进一步扩大开放程度。其间，中国吸引了越来越多的主要来自发达国家的跨国公司。这些跨国公司的首要目标是利用中国的要素成本优势（主要指具有国际竞争力的单位劳动成本）提高效率。在这种背景下，意大利在中国的直接投资与其他主要发达国家相比稍显逊色。然而，自 2000 年以来，意大利加大了对中国投资，众多企业（以大型企业为主）相继在中国设立工厂。中国成为意大利企业尤其是处于制造行业的传统领域企业，实现非本土化生产的主要目的国之一。

最近几年，受国际金融危机影响，发达国家消费支出缩减，中国则成为拥有持续消费需求的最重要的市场之一，与此同时，占中国工业生产产值、人口数量和收入比重过半的沿海和东部省份中，大部分地区出现单位劳动成本上升趋势，外商在中国子公司的低成本战略因而受到挑战。因此，对外直接投资（FDI）的驱动力由传统的追求效率逐步转变为寻求市场。这一转变与意大利投资息息相关。这是因为，与其他工业国家相比，意大利的制造业公司主要集中在传统领域，而这些领域正遭遇国内市场份额下降、出口需求缩减等困境。

本文主要研究过去 10 年意大利在中国直接投资的动态。第一部分阐明了中国在意大利 FDI 总格局中的地位。第二部分通过文献综述归纳整理了研究者对意大利在中国投资的主要观点。第三部分通过整理 2003 年以来依据产业部门和经营活动划分的企业数据，制作了意大利对中国投资的相关图表。本文还针对意大利企业在中国各省份的区位选择进行实证分析，探求企业投资决策背

---

[*]　意大利埃阿斯特·别德蒙特大学商学院研究员。
[**]　欧洲大学学院舒曼高级研究中心研究人员。

后的战略动机——是寻求市场还是追求效率。结语部分阐述了意大利对中国直接投资演变的政策影响（第四部分）。

一 中国在意大利对外直接投资总格局中的地位

与其他工业国家不同，意大利对外直接投资规模并不大。最新一期《世界投资报告》（UNCTAD，2012）指出，2011年意大利对外直接投资存量为5120亿美元，仅占世界投资存量的2.4%。这一比重大大低于欧盟其他国家，如德国（占比6.8%）和法国（占比6.5%）。此外，FDI存量占国内生产总值的比重，是衡量一国对外直接投资水平对本国经济重要性的指标。意大利的这一比重约为23%，仅占欧盟国家平均水平的一半，远低于法国（49%）、德国（40%），甚至低于西班牙（42.5%）。这一现象的产生由来已久。长期以来，与法、德、西等国相比，意大利的对外直接投资额远低于其欧洲邻国（见图1）。

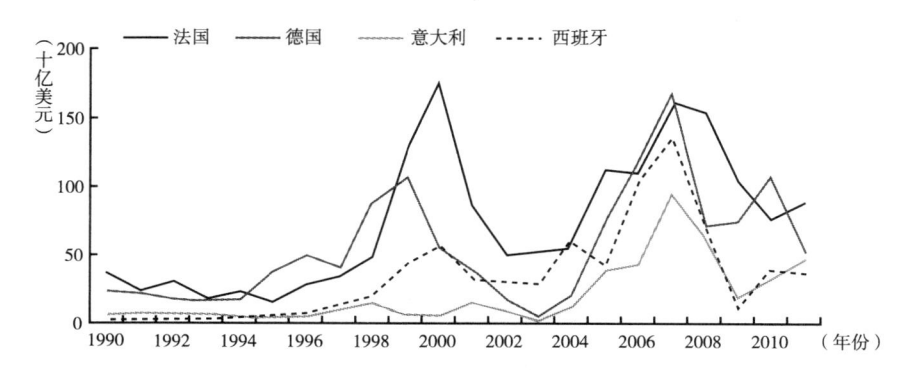

图1　1990~2010年欧盟国家对外直接投资趋势

资料来源：根据UNCTAD外国直接投资数据整理。

意大利对外投资总量小，其主要原因在于该国产业结构的特殊性，比如，大型企业（通常也是大型投资者）数量不多、经济专业化程度高。意大利经济专业化一方面表现为传统低端制造业，主要生产纺织品、服装、皮革、鞋类和家具等消费品，另一方面表现为中等科技含量的机电领域，生产资本货物。这两个特性常常使得意大利中小企业因无法获得足够的金融支持而发展受限。总的来说，意大利在高科技领域（如电子产品）和高端服务业缺乏竞争力。

在分析意大利对中国 FDI 数据之前，本节剩余部分将分析意大利国家统计局和外贸署提供的意大利企业相关信息（ICE-ISTAT，2012；Mariotti and Mutinelli，2012）。

意大利国际收支数据显示，2010 年意大利 FDI 存量的 76% 流向欧洲国家，其他目的地包括北美和发展中国家。尽管北美是意大利第二大对外投资目的地，但其份额仅占意大利对外直接投资存量的 6%（见表1）。

表 1 意大利企业外资流入地国际化指标

单位：%

	存量（2010 年）	子公司数量（2011 年）	员工数量（2011 年）	营业额（2011 年）
欧　　洲	76.17	65.25	56.89	66.15
北　　美	6.09	6.65	11.35	8.19
非　　洲	2.13	3.51	5.06	4.04
拉丁美洲	3.14	7.61	14.92	14.42
亚　　洲	6.53	11.09	11.43	6.59
大 洋 洲	0.49	0.97	0.35	0.62

资料来源：根据联合国贸易和发展会议 FDI 数据和 ICE Reprint（Mariotti and Mutinelli，2012）整理。

然而，正如穆迪内利和皮习泰罗所述，国际收支数据仅统计资金流出的首要目的地，并不统计在第三国（如卢森堡）通过控股公司进行的投资。这类投资给第三国带来了大量资金流入，但对雇工方面影响甚微（Mutinelli and Piscitello，2011）。

从不同角度分析对外投资的详尽数据可以发现（即外国子公司的数量、在国外创造的就业岗位和海外营业额），尽管欧洲仍是意大利企业国际化的重要目的地，但其重要程度有所降低。解读海外市场扩张的其他指标可以发现，欧洲以外的其他地区（亚洲和拉丁美洲）已成为意大利对外直接投资的重要目的地，尽管其当前吸引力仍小于欧洲。

例如，中国仅吸引了意大利对外直接投资存量的 1.72%（约占意大利对东南亚投资存量的一半），但如果衡量子公司的数量和创造的就业岗位等指标，中国的重要性将大大增强（见图2）。

2011 年，意大利在中国子公司的数量（1103 家）占其海外子公司总数的 4.1%。在中国子公司的营业额较少（占总营业额的 1.3%），但就业人数超出

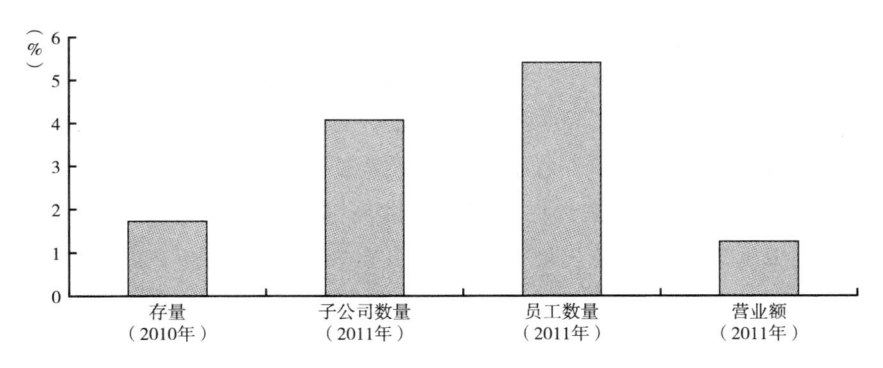

图 2 意大利公司在中国的国际化指标

资料来源：根据 ICE Reprint（Mariotti and Mutinelli，2012）整理。

平均水平（近 8.5 万人，占员工总数的 5.4%）。这一点在制造业领域尤为突出。2009 年的可比数据显示（ICE-ISTAT，2012），意大利在中国子公司占其海外子公司总数的 6.6%，仅次于罗马尼亚和法国，是意大利海外投资第三大目的国；创造的就业岗位占其海外子公司总数的 8.1%，仅次于罗马尼亚和巴西。但在服务业，发达国家（如美国、德国、西班牙和法国）在公司数量、就业人数和营业额等方面超越中国和其他发展中国家，在意大利对外投资中占据着更为重要的作用。

二 意大利在中国对外直接投资的文献综述

令人惊讶的是，外界对意大利公司在中国 FDI 的特点、历程和业绩所知甚少。除趣闻逸事外，据我所知，目前的研究仅局限于少数实地调查案例和小范围的实证分析。实证分析集中在意大利在中国企业的驱动力和模式。

奥尔兰迪和普罗迪在 2006 年做了第一份全面解读意大利在中国公司的报告（Orlandi and Prodi，2006）。作者通过官方数据和实地考察，统计了 1042 家企业开展的 1464 项投资，分别占德国、法国在中国投资项目数量的 1/5 和 1/3。有趣的是，意大利中小企业（员工少于 250 人的企业）占意大利企业对中国投资的比重（30%）小于其中小企业在全球投资市场中的比重。[1] 而早先由穆迪内利

---

[1] 最近一次调查表明，在广东这一中国最具吸引力的省份之一，62% 的意大利企业是中小企业（Vanino，2012）。这与此处所述结论不同。

和皮习泰罗进行的意大利对中国投资的研究表明：2004年意大利中小企业在中国投资占比低（与其他欧洲投资者相比）主要是因为其小企业（如员工少于50人的企业）仅占全球对中国投资企业数量的20%，而同期意大利对全球投资企业总数的50%是小企业。市场距离较远产生的高昂成本和不确定性，导致小企业更青睐距离近的市场，如欧洲邻国和中东地区（ICE-ISTAT，2012）。在中国投资，市场规模要求投资者实现规模化经营，因此中国市场更适合大型企业投资（Mariotti and Mutinelli，2005）。此外，意大利中小企业赴华投资始于近期（更确切地说，始于2001年中国加入WTO），而意大利FDI第一次浪潮兴起于20世纪80年代并持续到90年代，当时只有大型企业如菲亚特集团等身处其中（Orlandi and Prodi，2006）。

另一显著特征是意大利在中国投资的产业构成和地理分布。在中国投资的意大利企业绝大多数从事机械、纺织、服装、电子产品和汽车等制造业的生产，从事服务业的企业少之又少（Mariotti and Mutinelli，2005；Orlandi and Prodi，2006）。从地理分布上看，意大利的投资多集中于上海、北京和广东等三个省市。很明显，投资的地理集中与产业或原产地的集聚效应并无关联（Orlandi and Prodi，2006）。

其他一些文献着眼于意大利企业赴华投资的驱动力。这些研究表明，促使意大利企业赴华投资的主要动力是寻求市场和追寻效率（Orlandi and Prodi，2006；Gattai，2008；Vanino，2012；Barbieri et al.，2011）。但值得注意的是，许多情况表明：投资中国市场意味着按照中国国内成本生产，因此这两个驱动力在战略上是相互关联的。

效率追求型动机认为，中国实行对外开放政策后，发达国家赴华投资主要是为了提高效率（Naughton，2007）。但是，假定赴华投资能极大削减成本，并且过半数的受访企业证实生产总成本减少了20%~50%（Orlandi and Prodi，2006），那么我们也应看到，中国其他的投入要素（特别是劳动力成本）有时也低于其他东亚国家。在广东投资的部分意大利企业在接受调查时强调，赴华投资的优势，除生产要素成本低以外，营商环境也可圈可点（Vanino，2012）。此外，公司案例研究也表明，意大利投资者主要通过较低的投入成本或者通过优化生产链等途径（在中间商环节跟随早先进驻中国的大公司），收获效益（Barbieri et al.，2012）。

受访的绝大多数企业将扩大市场视为其在中国投资的最重要驱动力

(Orlandi and Prodi, 2006; Gattai, 2008; Vanino, 2012)。市场寻求型动机在产业专业化、投资规模和投资者价值链结构等方面有着诸多有趣观点。随着中国近期的经济政策重点从投资和出口转向刺激国内消费，外国公司应抓住这一机遇，在强劲的中国市场上大展宏图（Davies, 2012）。此外，中国内陆省份更多地参与经济活动和工业生产，占国民收入的比重加大，中国国内市场规模随之扩大（EIU, 2011）。通过分析意大利企业的全球化活动可以发现，近年来，赴华投资的驱动力已发生改变，逐步向创造附加值特别是参与市场主导活动倾斜（Mariotti and Mutinelli, 2012）。

最后，部分文献研究了意大利公司进入中国市场的模式选择。研究表明，与设立全资子公司相比，意大利公司更愿意通过设立合资企业进入中国市场。这一模式选择取决于一系列因素，包括规模（小投资者更倾向于设立合资企业）、驱动力（市场追求型投资通常随着合作伙伴进入当地分销网络）、业务（高科技公司倾向于设立全资子公司以预防抄袭风险）和当地支持（Bontempi and Prodi, 2009; Gattai, 2008; Gattai and Natali, 2012）。

三 意大利对中国直接投资的最新趋势

（一）进入模式和产业分布

2003~2011年间，意大利在中国新设309个绿地投资项目（如图3所示，法国和德国同期分别新设678个和1050个项目），占全球FDI项目数量的0.25%，投资总额约130亿美元，项目平均投资额约4200万美元（法国和德国分别为7200万美元和1.03亿美元）。[①] 同期，意大利在全球的海外子公司累计创造了约71000个就业机会（法国和德国分别创造了186000个和353000个就业机会）。意大利每家公司平均参与了1个项目，法国和德国每家公司平均参与了1.4个项目。

意大利在中国的直接投资涉及27个行业（见表2）。其中，纺织业投资项目数占比最大（约占2003年以来意大利对中国FDI项目数的44%）。工业机

[①] 提供的投资规模和创造就业岗位数量是根据同一产业/投资目的地等多种因素对类似投资进行估计，并不代表多数案例的真实情况。

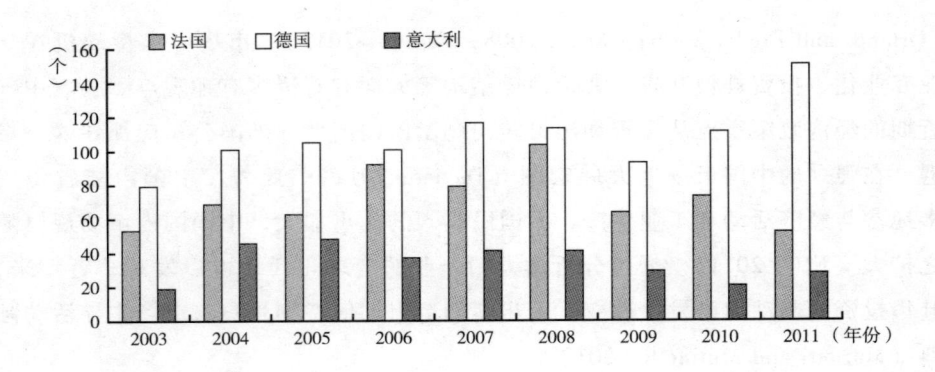

图 3　2003~2011 年在中国 FDI 数量

资料来源：根据 FDI Markets.com 整理。

械业排名第二，但投资项目数远小于纺织业（占比 9%）。此外，排名靠前的上述行业的平均投资规模小于所有行业的平均投资规模（约 4200 万美元）。其他行业的上述特点不太明显，尽管其包含较大的平均投资规模（如半导体和汽车代工生产行业）。

表 2　意大利在中国新建投资项目的产业分布

单位：百万美元，个

行业	项目数量	平均规模
纺织	134	14.6
工业机械、设备和工具	29	28.2
金融服务	23	60.0
消费品	17	64.1
金属	15	48.9
汽车代工	14	242.3
商业服务	11	9.6
橡胶	10	74.3
汽车零部件	9	52.6
塑料	8	41.8
交通运输	4	107.5
电子消费品	4	25.4
电子元器件	4	30.3
食品和烟草	4	11.7
化学工业	3	95.2

续表

行业	项目数量	平均规模
陶瓷和玻璃	3	23.5
非汽车运输代工	3	77.8
软件和通信技术服务	2	9.2
酒店和旅游业	2	127.3
木制品	2	8.2
通信业	2	6.5

资料来源：根据 FDI Markets.com 整理。

与新建投资项目相比，意大利企业通过非全资子公司在中国投资，如设立合资企业，或签订诸如兼并和收购的所有权协议实现的投资（无论是多数控股还是少数持股），其显著特点是投资项目数较少（见表3）。机械行业是此类投资中最活跃的行业，2003～2011年间占据了33个并购项目中的17个。排名第二和第三的行业分别是银行业（6个并购项目）和化学工业（4个并购项目），其他行业并购项目数占比更小。

交易类型方面，最普遍的做法是与中国企业共同设立一家合资企业（17例），其次是收购少数股权（10例）和收购多数股权（9例）。机械行业首选的投资模式是设立合资企业和收购多数股权。这也进一步论证了公司全球化格局具有高度的产业特性，以及中高端科技行业需要对生产过程保持高度控制，使生产过程在公司内部整合，而非在外部第三方。

表3　2003～2011年意大利在中国并购的行业构成

主要投资领域	交易数量	涉及合资公司数量	并购数量
机械行业	17	7	5项多数股权,5项少数股权
银行业	6	1	3项少数股权
化学工业	4	3	1项少数股权
食品和饮料	1		少数股权
交通	1		少数股权
保险	1	1	
纺织、服装	1	1	
批发和零售贸易	1	1	
金属和金属制品	1		多数股权

资料来源：根据 Zephyr, Bureau Van Dijk 整理。

（二）意大利在中国子公司的商业活动与业绩表现

意大利公司在中国子公司的业绩表现也能反映意大利投资的主要特点。FDI Markets.com 网站公布的企业层面 FDI 绿地新建项目数据反映了海外子公司的商业活动。

尽管经营活动和投资动机并非一一对应，但了解企业在海外从事的经营活动类型可以推断出其在对外投资时所处的价值链环节。事实上，一些商业活动——如零售、销售、市场营销及技术支持——处于价值链底端，因此，开展这类商业活动的海外子公司事实上在追求开拓市场；而从事生产制造和物流的海外子公司可视为追求效率（Dunning, 1998; Love, 2003）。

如表4所示，意大利公司在中国子公司共开展9种商业活动，最主要的是零售，其次是制造业。这两项商业活动占意大利近年在中国进行 FDI 活动的 75%。

表4　2003~2011年意大利公司在中国子公司开展商业活动情况

商业活动	2003年	2004年	2005年	2006年	2007年	2008年	2009年	2010年	2011年	总计
零售	6	21	20	12	18	15	15	13	13	133
制造	8	12	16	16	10	15	10	3	7	97
销售、市场营销和支持	2	8	4	6	6	7	3	2		38
商业服务	3	4	5	2	6	1	1		4	26
设计、开发和测试		1			1	1		1	2	6
总部				1		1		1	1	4
研发			2			1				3
物流、分销和交通			1							1
建筑								1		1
总数	19	46	48	37	41	41	29	21	27	309

资料来源：根据 FDI Markets.com 整理。

意大利在中国子公司所开展的各项商业活动中，尽管零售活动占据主导地位，但是各行业特点各异。以纺织业为例，零售是最主要的商业活动，而生产制造仅占商业活动的 5%。但在机械行业，生产制造占据着中国 FDI 商业活动的 80%。如此强烈的反差并不意味着纺织和机械企业在中国的投资驱动力相差甚远。事实上，这反映着两个行业在全球化生产上存在着不同的组织方式。在纺织品和服装行业，尽管绿地投资生产了大部分消费品，但不大可能成为海外组织生产的优先方式。相反，投资者优先选择向本地供应商特许经营或分包。另一方面，机械行业主要生产资本品，涉及多项专利，全资子公司就取代非股权投资方式，成为进入海外市场的优先选择方式。

2008 年国际金融危机以来，意大利 FDI 的一个显著特点是，与零售活动相比，制造业投资项目数量急剧减少（见表 4）。因此，零售活动超越其他经营活动，成为意大利在中国子公司开展的最主要商业活动。[1] 这表明，在对外投资日趋理性的前提下，零售活动旨在在不断扩大的中国市场获取更大的市场份额，盈利水平高于追求削减成本的新建工厂模式。

为更好描述以上最新趋势，本文将研究 Amadeus 数据库提供的意大利公司在中国 FDI 的企业层面信息。Amadeus 数据库收集了欧洲大量制造企业的资产负债表。比对 FDI 数据和公司数据后，本文找到 108 家企业（共有 186 家企业）的公司规模和经营状况方面的相关信息。

鉴于有限的样本数量和写作目的，本文并不旨在提供系统化的结论。图 4 和图 5 反映了两组指标：企业的结构信息和赢利能力指标。两组指标将所有投资公司视为一个整体与从事制造或零售业务的公司区别开来，再按照两个时间段，即金融危机之前（2003～2008 年）和后危机时代（2009～2011 年）进行比较。

具体而言，图 4 反映了意大利在中国企业的资产负债表指标（部分指标与企业规模相关，如资产、雇员和销售，部分指标和运营效率相关，如营业收入[2]和附加值）。受国际金融危机影响，投资者的平均规模显著增加，特别是在中国建立了工厂的投资者；另一方面，从事零售活动的公司未发生规模变化。这也表明，不确定性逐日增加时，只有状况良好的企业才有能力远赴海外投资，特别是进入中国这么艰难和遥远的市场。

图 5 则描述了公司赢利能力和业绩指标变化趋势，如资本回报率

---

[1] 这反映了近年来意大利和德国在华子公司的显著差异。在 2008 年以前，意大利在华子公司开展最主要的商业活动是生产制造（207 个项目），其次是零售（152 个项目）。2008 年之后，生产制造和零售活动均有所减少，但制造仍占主导地位。另一方面，制造一直是德国驻华子公司的最主要业务活动（占据 969 个项目中的 454 个项目），其次是销售、市场营销和支持（171 项目）以及零售（69 个项目）。自金融危机爆发以来，所有商业活动出现下滑，但制造活动仍占据榜首。

[2] 收入来自公司日常业务经营。

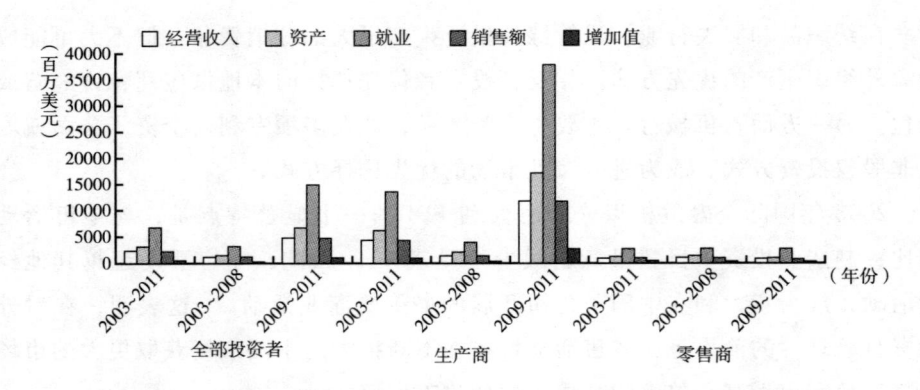

图 4 在中国拥有子公司的意大利企业资产负债指标节选

数据来源：根据 Amadeus, Bureau van Dijk 整理。

（ROCE）、股本回报率（ROE）和资产收益率（ROA）。[①] 有趣的是，与图 4 相比，图 5 反映了不同的发展规律：早在金融危机发生前，投资者尤其是从事生产活动的企业，其平均业绩表现已经开始恶化。[②] 拥有零售子公司的企业并没有出现业绩下滑局面，这或许是因为这些企业的赢利能力较前几年有了迅速提高。

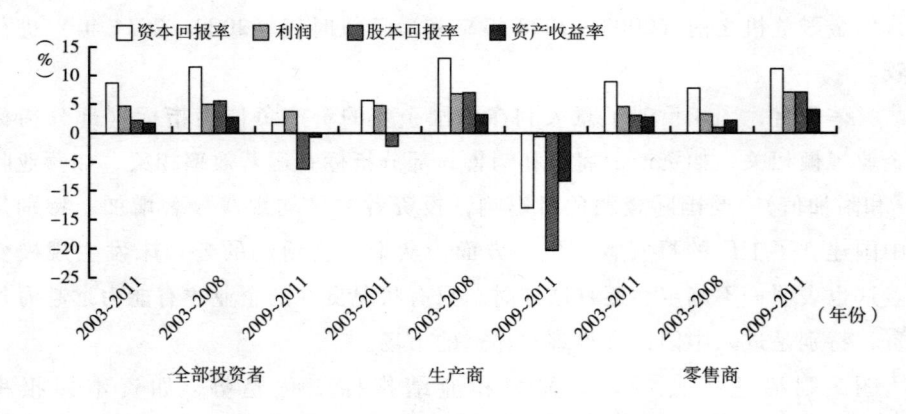

图 5 在中国意大利子公司的部分业绩指标

数据来源：根据 Amadeus, Bureau van Dijk 整理。

---

① 这些资产负债指标反映了企业对外投资的赢利能力（资本回报率），从股东权益投资获取的投资收益能力（股本回报率）和有效管理利用资产获取收益的能力（资产收益率）。
② 只有极少数公司，在这两个时期开展了制造或零售业务。

(三) 区位选择：意大利在中国 FDI 省份选择的决定因素

自 20 世纪 70 年代末实施对外开放政策以来，中国各省份间的差距迅速扩大。中国先后在沿海省份设立经济特区和开放区域以吸引外资企业，而 FDI 政策拉大了这种差距（Wang and Wei, 2010）。直到 2000 年之后，部分中西部地区才出现了经济特区（更确切地说，应该是经济技术开发区）（Luo et al., 2008）。目前，东部省份国内生产总值占中国 GDP 总值的一半以上，贸易额占 2/3 以上。

接下来，本文将分析意大利在中国 FDI 的区域分布特点，以寻求区位选择的决定因素。①

意大利在中国 FDI 的分布特点明显（见图 6）。正如我们预期，与以前研究的分布图（Orlandi and Prodi, 2006）一致，投资高度集中在少数地区，如上海市、北京市、广东省和江苏省。以上四个省市吸收了投资总额的 73%。有趣的是，这四个省市（尽管各自比重不同）还吸引着其他在中国投资者 FDI 的大部分（投资总额的 68%）。然而值得注意的是，部分意大利企业在内陆省份开展了投资，如在四川省投资大型纺织企业的零售活动及金融服务，在重庆投资汽车制造。

接下来，本文将对意大利在中国 FDI 绿地投资项目的驱动力进行简单的实证分析。具体而言，利用数据库中提供的信息，将 2003～2011 年间意大利在各省市、各行业的投资数量作为因变量，是根据对有关 FDI 决定因素文献的传统的研究（Dunning, 1993; Blonigen, 2005）确定解释性变量，而更详尽的分析则来自于对中国 FDI 决定因素的文献的研究（Cassidy et al., 2006; Kang and Lee, 2007）。②

本文探究追求市场型投资的驱动力，包括按照地区生产总值（GRP）衡量当地经济规模。研究在中国 FDI 地域分布的历史文献曾指出，市场规模和市场潜力对投资区位选择产生了积极影响（Luo et al., 2008）。

本文引入城镇职工平均工资（WAGE）作为变量探究追求效率型投资的驱动力。假设较低的工资水平是中国吸引外商投资的动力（Ali and Guo, 2005），

---

① 为此，本文仅适用 FDI 新建项目数据。
② 如另无说明，模型中的所有变量来自中国国家统计局网站公布的"统计数据"一栏。所有计价单位为人民币。

本文将评估中国各地区不断上涨的劳动力成本——特别是城市地区——是否对吸引 FDI 产生负面作用。同样的，本文引入劳动力素质作为一个替代变量，如毕业生数量（GRAD），来评估人力资本高的省份是否对意大利投资者更具吸引力（Broadman and Sun，1997）。

为确定在中国 FDI 的区域集中度，本文选取样本时假定沿海省份（COAST）的区位值为 1，内陆省份为 0。同样的，为确定政策对外国投资者的驱动力，本文在样本中考虑经济特区的位置（SEZ）。

此外，历史文献资料强调了集聚效应对跨国公司在国家层面（Devereux and Griffith，1998；Disdier and Mayer，2004）和次国家层面（Head and Ries，1996）区位选择的重要作用。鉴于此，本文对来自 FDI Markets 的、有关其他所有外国投资者在各省份各行业的 FDI 项目数量进行统计，从而对集聚效应与意大利在中国 FDI 的相关性进行验证。

最后，本文引入了两个控制变量：公路网里程（ROAD）（单位：公里）——衡量各省基础设施建设的指标，和企业所得税的规模（CORP_TAX）。

就统计方法而言，鉴于因变量的数字特点，本文采用了卜瓦松回归模型。尽管构建的模型存在过度分散的缺点，本文未采用负二项式回归模型，这是因为文章中包含了大量的固定效应，而使用负二项式回归将导致数据前后不一致（Hilde，2007）。[①]

预测结果见表 5。正如我们预期的，意大利企业在中国投资主要受市场驱动，更多地投资于富裕省份，并且投资额与各省收入呈高度正相关。这一发现与以往结论相符合。

表 5　意大利在中国 FDI 区位选择的决定因素

单位：%

	第一类	第二类
地区生产总值	2.565**	4.108***
	(1.236)	(1.398)
工资水平	-2.197*	-3.026**
	(1.153)	(1.201)

---

① 表 5 中皮尔森适度检验的数据也论证了该结论（该模型与本文数据非常吻合）。

续表

	第一类	第二类
公路里程	-0.220	-0.101
	(0.182)	(0.188)
毕业生人数	0.302	-0.717
	(0.405)	(0.588)
沿海省份	2.540***	1.346
	(0.940)	(1.052)
经济特区	-0.153	-0.594
	(0.571)	(0.596)
企业所得税	-1.106***	-1.151***
	(0.362)	(0.365)
集聚效应	0.0572***	0.0567***
	(0.00868)	(0.00871)
危机		-0.603**
		(0.254)
常数	-30.41*	-51.28***
	(16.41)	(18.59)
观察值	3819	3819
皮尔森适度检验(概率>)	0.9989	0.8197
省份固定效应	是	是
行业固定效应	是	是

注：*** $p<0.01$，** $p<0.05$，* $p<0.1$。

本文注意到，意大利在中国 FDI 项目数量与工资水平呈负相关。中国国内包括一些内陆省份，其不断上涨的劳动力成本，导致中国对意大利公司在中国新建子公司的吸引力越来越小。

如果某地区存在来自其他外国同行的公司，则该产业集聚对意大利公司具有吸引力。

沿海省份更容易获得大量意大利 FDI，而经济特区的存在与否与此并无明显关联。此外，高素质劳动力，如人力资本对意大利在中国投资影响不大。最后，基础设施投资规模与意大利投资项目数量呈负相关。

作为稳健性检验，表 5 中的第二栏引入了涵盖样本最近三年（2008~2011年）的时间序列（CRISIS），以探求全球金融危机对意大利公司投资决策的影响。事实上，其他条件不变时，意大利在中国的对外直接投资因金融危机的影响而明显减少。值得注意的是，在将第二栏与第一栏对比时，如果所有变量的权重不变，"沿海"这一样本指标的重要性将降低，这或许是因为意大利企业近年来将区位选择范围扩大到了内陆地区。

四　小结

本文通过分析投资公司的投资项目地理分布、外国子公司的业务活动及不同的进入模式，描述了过去十年来意大利在中国投资模式的变化。数据显示，意大利公司在中国的扩张规模相对较小（就投资数目而言），投资质量也有差别。意大利公司主要投资纺织业和工业机械类；德国则主要投资化学品、工业机械和汽车类。法国为食品烟草、纺织品和化学品。

这些差异实际上反映了不同国家的专业化模式，同时在动机方面，海外直接投资也明显不同。意大利 FDI 主要看中了中国正在建立起来的零售设施，而法国和德国的子公司则更看重中在中国的制造业生产。这种差异似乎表明，在中国的意大利公司的国际扩张活动主要为市场导向型而非效率推动型。金融危机似乎加剧了这一趋势。

这种由数据分析得来的结论也被实践证明着。意大利 FDI 主要流向中国较为富裕的省份，同时也相对减少了对劳动力成本渐增地区的投资力度。此外，我们还找到了强有力的实证来证明我们的假设：意大利投资者选取落户的省份，往往和海外其他同行业的投资者一致。

最后，我们已经证明，金融危机使意大利在中国投资的群体发生了显著的变化。特别需要提出的是，投资者的平均规模急剧增加，尤其是在中国设立了工厂的投资者；而投资零售设施的企业平均规模保持不变。同时，2009 年以来，意大利在中国公司的业绩表现开始恶化，尤其是那些从事生产性活动的企业。

总的来说，我们的主要研究成果认为：过去的十年中，意大利在中国 FDI 的格局发生了变化。而这种趋势是否受到了金融危机的强烈影响，危机结束后情况会否逆转，此时下结论为时过早。然而，为了对企业战略和公共政策提供有力的实证支持，有必要在以往研究的基础上，对意大利企业在中国投资模式进行更加详尽的调研。

（姚铃　译）

参考文献

Ali, S. and Guo W. (2005), "Determinants of FDI in China", *Journal of Global Business and Technology*, 1 (2), 21 – 33.

Barbieri, P., Gavazza, L. and Prodi, G. (2011), *Supply China Management Strategia, approvvigionamenti e produzione: opportunità e sfide perle imprese italiane nel paese del dragone*, Bologna: Il Mulino.

Bloningen B. (2005), "A review of the empirical literature on FDI determinants", *Atlantic Economic Journal*, 33, 383 – 403.

Bontempi, M. E. and Prodi, G. (2009), "Entry strategies into China: The Choice Between Joint Ventures and Wholly Foreign-Owned Enterprises. An Application to the Italian Manufacturing Sector", *International Review of Economics and Finance*, 18 (2009): 11 – 19.

Broadman, H. G. and Sun, X. (1997), "The Distribution of Foreign Direct Investment in China", *The World Economy*, 20, 339 – 361.

Cassidy J. F., Andreosso-O'Callaghan B. (2006), "Spatial determinants of Japanese FDI in China", *Japan and the World Economy*, 18 (4), 512 – 527.

Davies, K. (2012), "Inward Foreign Direct Investment in China and Its Policy Context", *China: An International Journal*, 10 (1), 62 – 74.

Devereux M. P., Griffith R. (1998), "Taxes and the location of production: Evidence from a panel of US multinationals", *Journal of Public Economics*, 68, 335 – 367.

Disdier A. -C., Mayer T. (2004), "How different is Eastern Europe? structure and determinants of location choices by French firms in Eastern and Western Europe", *Journal of Comparative Economics*, 32, 280 – 296.

Dunning, J. H. (1993), *Multinational Enterprises and the Global Economy*, Addison-Wesley.

Dunning, J. H. (1998), "Location and the multinational enterprise: a neglected factor?", *Journal of International Business Studies*, 29 (1), 45 – 66.

EIU (2011), "The new landscape of foreign investment into China", Economist Intelligence Unit Report.

Gattai, V. (2008), "A Tale of Three Countries: Italian, Spanish and Swiss Manufacturing Operations in China", *The World Economy*, doi: 10. 1111/j. 1467 – 9701. 2008. 01111. x.

Gattai, V. and Natali, P. (2012), "What makes a joint venture: micro evidence from Sino-Italian contracts", Department of Economics Working Paper N. 218, University of Milano Bicocca.

Head K., Ries J. C. (1996), "Inter-city competition for foreign investment: static and dynamic effects of China's incentive areas", *Journal of Urban Economics*, 40, 38 – 60.

ICE-ISTAT (2012), *L'Italia nell'Economia Internazionale-Rapporto Commercio Estero 2011 – 2012*, Roma: Istituto peril Commercio Estero.

Kang, S. J., and Lee, H. S. (2007), "The determinants of location choice of South Korean FDI in China", *Japan and the World Economy*, 19 (4), 441 – 460.

Love, J. H. (2003), "Technology Sourcing versus Technology Exploitation: An Analysis of US Foreign Direct Investment Flows", *Applied Economics*, 35, 1667 – 1678.

Luo, F., Brennan, L., Liu, C. and Luo, Y. (2008), "Factors Influencing FDI Location Choice in China's Hinterland", *China And World Economy*, 16 (2), 93 – 108.

Mariotti S. and Mutinelli M. (2005), "La presenza italiana in Cina", *Economia e Politica Industriale*, XXXII (3), 123 – 135.

Mariotti, S. and Mutinelli, M. (2012), *Italia Multinazionale 2012*, Roma: Rubettino.

Mutinelli, M. and Piscitello, L. (2011), Outward FDI from Italy and its policy context, Columbia FDI Profiles.

Naughton, B. (2007), *The Chinese Economy Transitions and Growth*, Cambridge: MIT University Press.

Orlandi, R. and Prodi, G. (2006), *A Volte Produconole imprese Italiane in Cina*, Bologna: Il Mulino.

Sun Q., Tong W., Yu Q. (2002), "Determinants of foreign direct investment across China", *Journal of International Money and Finance*, 21 (1), 79 – 113.

Vanino, E. (2012), "Italian FDIs in China: analysis and implications for the new EU investment policy", *Economia Marche Journal of Applied Economics*, XXXI (1), 69 – 89.

Wang, Z. and Wei, S. J. (2010), "What Accounts for the Rising Sophistication of China's Exports?", In R. Feenstra, & S. J. Wei (Eds.), *China's Growing Role in World Trade* (pp. 63 – 104), Chicago: University of Chicago Press.

图书在版编目(CIP)数据

FDI 与经济增长：中欧双向"走出去"战略比较研究/罗红波，（意）圭雷利，（意）法雷塞主编. —北京：社会科学文献出版社，2013.6
（当代意大利经济论丛）
ISBN 978 - 7 - 5097 - 4724 - 7

Ⅰ.①F… Ⅱ.①罗…②圭…③法… Ⅲ.①对外投资 - 中国 - 文集②对外投资 - 欧洲 - 文集 Ⅳ.①F832.6 - 53②F835.06 - 53

中国版本图书馆 CIP 数据核字（2013）第 118269 号

·当代意大利经济论丛·
FDI 与经济增长
——中欧双向"走出去"战略比较研究

主　　编 / 罗红波　〔意〕保罗·圭雷利　〔意〕焦瓦尼·法雷塞

出 版 人 / 谢寿光
出 版 者 / 社会科学文献出版社
地　　址 / 北京市西城区北三环中路甲 29 号院 3 号楼华龙大厦
邮政编码 / 100029

责任部门 / 全球与地区问题出版中心　　责任编辑 / 高明秀　黄德志　于静静
　　　　　（010）59367004　　　　　　责任校对 / 王　平　张怀波
电子信箱 / bianyibu@ ssap. cn　　　　　责任印制 / 岳　阳
项目统筹 / 祝得彬　高明秀
经　　销 / 社会科学文献出版社市场营销中心（010）59367081　59367089
读者服务 / 读者服务中心（010）59367028

印　　装 / 北京季蜂印刷有限公司
开　　本 / 787mm×1092mm　1/16　　　印　张 / 6.5
版　　次 / 2013 年 6 月第 1 版　　　　　字　数 / 101 千字
印　　次 / 2013 年 6 月第 1 次印刷
书　　号 / ISBN 978 - 7 - 5097 - 4724 - 7
定　　价 / 39.00 元

本书如有破损、缺页、装订错误，请与本社读者服务中心联系更换
▲ 版权所有　翻印必究